図解 2時間でわかる！

はじめての家族信託

【相続・認知症で困らないために】

宮田総合法務事務所 代表司法書士
一般社団法人家族信託普及協会 代表理事

宮田浩志 [著]

CROSSMEDIA PUBLISHING

プロローグ

1 本書を手にとって頂きたい方とは …… 8

2 相続の本質とは …… 10

3 「家族会議」の重要性 …… 13

本書に登場する家族の紹介 …… 16

第1章

家族信託の基本について理解しよう

1 家族信託とはなんですか？
　〜家族の家族による家族のための財産管理〜 ……… 20

2 家族信託の効果をイメージしてみよう
　〜委任と成年後見制度と遺言の良いとこどり〜 ……… 22

3 家族信託の3大メリット①
　〜親が認知症になっても柔軟な財産管理ができる〜 ……… 24

4 家族信託の3大メリット②
　〜遺産の承継者を何段階にも指定ができる〜 ……… 26

5 家族信託の3大メリット③
　〜共有不動産のトラブルリスクを解消できる〜 ……… 28

6 家族信託のデメリットとリスクは？
　〜家族信託の導入に際し注意すべき点〜 ……… 30

7 家族信託と成年後見、どっちを使う？
　〜家族信託と成年後見制度の比較〜 ……… 32

8 信託銀行の「遺言信託」とはなにが違う？
　〜信託銀行の「遺言信託」と家族信託の比較〜 ……… 34

9 信託銀行は財産を託す相手か？
　〜商事信託と家族信託の使い分け〜 ……… 36

10 受託者の相談相手・お目付役
　〜信託監督人を活用した仕組み作り〜 ……… 38

第1章のまとめ …… 40

第**2**章

家族信託の実際

1 信託に関する税務①
信託税務は従来の所有権と同じと考えればＯＫ 42

2 家族信託に関する税務②
老親所有の不動産の売却を考える 44

3 不動産信託と登記簿の記載
〜不動産登記簿にどのように記載されるか？〜 46

4 受益者が死亡したときの登記簿
〜家族信託の設計によって異なる不動産登記手続き〜 48

5 現金の信託と信託専用口座
〜将来の預金凍結に備えた金銭の管理〜 50

6 賃貸アパートを家族信託で管理する
〜賃貸不動産を信託する際の実務上の注意点〜 52

7 受託者が借金して賃貸物件を建設
〜老親に代わり子主導による相続税対策の実行〜 54

8 受託者が先に亡くなるリスクを考える
〜法人を受託者とする長期的な財産管理〜 56

9 中小企業の経営に家族信託を活用
〜株式信託を活かしたリスク対策と事業承継〜 58

10 家族信託の導入費用を考える
〜専門家報酬も含めた総費用は高いのか？〜 60

第２章のまとめ 62

第**3**章

家族信託を活用しよう

1 家族信託の活用チェックリスト 64
〜こんなケースに当てはまれば家族信託が効果的〜

2 家族信託導入までのスケジュール 66
〜緊急性があるか？　じっくり検討すべきか？〜

3 信託契約を公正証書で作成する 68
〜公証役場で作成するまでの手順〜

4 信託契約後にすべきこと 70
〜契約したら終わりではなく、そこからが始まり〜

第3章のまとめ 72

第4章

事例集——
それぞれの家族信託

事例 1	認知症による資産凍結を回避しつつ相続税対策を完遂したい	74
事例 2	子のいない夫婦を経由しつつ財産を孫に渡したい	76
事例 3	認知症の妻に財産を遺しつつ次の承継者も定めたい	78
事例 4	唯一の不動産を平等相続させつつ将来のスムーズな売却にも備えたい	80
事例 5	共有不動産を巡るトラブル防止策	82
事例 6	中小企業の事業承継対策と大株主の認知症対策	84
事例 7	株式を贈与しつつ経営権を保持する事業承継対策	86
事例 8	空き家となる実家の売却と売却代金の有効活用	88
事例 9	遺言の書き換え合戦を防ぎ遺産分割の生前合意を有効に	90
事例 10	親なき後も障害のある子を支えつつ円満な資産承継を実現したい	92

第5章

相続対策の様々な手段

1 相続税ってどのくらいかかるの？ ……………………………… 96

2 数ある選択肢の中から選ぶのが相続対策 ……………… 98

3 遺言は相続対策の基本 …………………………………… 100

4 生前贈与を活用しよう① …………………………………… 102

5 生前贈与を活用しよう② …………………………………… 104

6 不動産を活用して相続税を減らす ……………………… 106

7 賃貸経営の法人化のメリット …………………………… 108

8 生命保険を相続対策に活用する ……………………… 110

9 任意後見は相続対策になるか？ ………………………… 112

第5章のまとめ …… 114

プロローグ

1 本書を手にとって頂きたい方とは

本書は、"家族会議"の重要性をご理解頂くこと、『家族信託』を知らない方に分かりやすくご紹介することを主旨とした本になりますが、親世代・子世代・孫世代を問わず、下記①～③のいずれかに該当する方々には、ぜひとも本書をご覧頂きたいです。

①老親の生涯を家族・一族で支える仕組みを作りたい！

②老親が持つ不動産をいつでも売れるようにしたい！

③円満に遺産相続を実現したい！

もう少し詳しく説明すると、次のようになります。

①は、家族が負担をかけずに老親の今後の生活費や入院・入所費用を管理・給付したいという希望、いわゆる『負担の少ない柔軟な財産管理』を実現したいという希望をお持ちの方ということになります。

②は、認知症や大病により理解力の低下した老親ではすることができない自宅

プロローグ

やアパートの売却・買換えをスムーズに実行したいという希望、いわゆる『認知症による資産凍結回避』をしたいという希望をお持ちの方ということになります。

③は、将来の相続発生時に家族・親族が遺産争いをすることなく、故人の"想い"と財産をスムーズに引き継がせたい・受け継ぎたいという希望、いわゆる『円満・円滑な資産承継』を実現したいという希望をお持ちの方ということになります。

これらに該当する方にとっては、本書がバイブルのような存在になることを信じて執筆いたしました。ぜひ、次ページ以降の「相続の本質とは」「家族会議の重要性」をご一読いただいてから、本書を気軽に眺めて頂きたいです。

プロローグ

2 相続の本質とは

　相続で考えるべきことはなにかを尋ねると、よく「相続税対策」と答える方がいます。確かに資産が多ければ、資産をどのように保持してどう相続するかによって、かかる税金の額は大きく変わります。しかし税金を減らすことばかり考えていると、本質を見失ってしまうものです。

　相続の本質は、先祖から受け継いできたものや自身が築きあげたもの、それは必ずしも目に見える資産だけではなく"想い"や"家訓"も含めたものを次世代に遺すことです。誰にどう渡すのか。受け取った人はそれをこれからどうするのか。あなただけで決めるのでもなく、受け取る側が税金ばかり気にして決めるものでもありません。

　極論を言えば、資産や税金の大小は関係ないのです。家族でしっかり話し合い、渡す側の望む方法、受け取る側全員の納得する方法で資産承継を実行することこそが、理想の相続なのです。

　もうひとつ、忘れてはならないことがあります。それは老後の人生です。

　多くの方は相続に関して、人生を終えたあとで遺産をどうするのか、遺言で誰になにを渡すのか決めさえすればいいと思っておられます。ゆえに、自分の財産があまり多くないと思っている人は、相続なんて特に考えることもやることもないと思っているかもしれません。

　しかし人はほとんどの場合、元気な状態から突然、人生を終えるわけではありません。特に日本は超高齢化が進み、平均寿命は延び続け、いわゆる老後の時間が非常に長くなっています。働かなくなったあとも、老いや衰えや病気とともに

あなたの人生と資産活用の先に相続が繋がっている

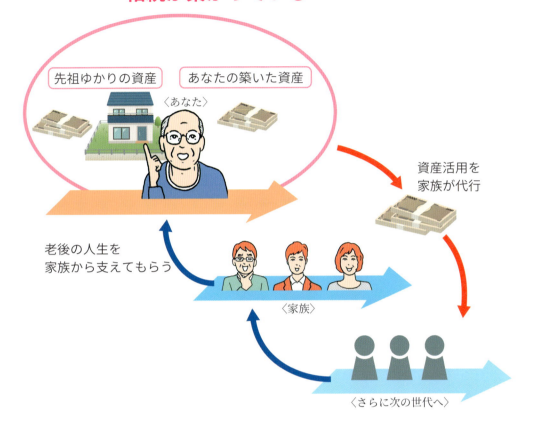

　長い余生を過ごすこととなるでしょう。

　今のあなたは健康かもしれません。しかし、20年30年と老後が続いた場合のことを考えてみてください。日常の生活費、病気になったときの医療費・介護費用を確保できますか？　認知症になってしまった場合に面倒をみてくれる人はいますか？

　そういった余生・老後の過ごし方を家族と話し合う、「家族会議」がとても重要です。いざというときに長男に面倒をみてもらうならば、費用をあらかじめ生前贈与する、遺産相続で多めに渡すなど決めておけば、長男は納得して動いてくれるでしょうし、長男以外の家族も遺産分配に了承してくれるでしょう。しかし、もしなにも決めずにあなたが突然認知症になった場合、子どもたちがあなたの世話を押しつけ合い、家族の仲が不和になり、あなた自身はぞんざいな扱いを

受けてしまうかもしれません。

　あなた自身のためにも、家族のためにも、老後における過ごし方や資産活用の備えをしておくことが大切です。そしてその延長線上にこそ相続・資産承継があるのです。

　老後の人生は資産活用と相続とが繋がっていることを認識した上で、あなたが健康なうちに家族と話し合い、余生とその後まで皆が納得する道筋を作ることで、理想の相続を実現できるでしょう。

プロローグ

3 「家族会議」の重要性

　相続の本質に関する話の中で、「家族会議」がとても重要だと申し上げました。しかし多くの方は、いつどうやって家族会議をすればいいかわからない、親側も子側も話を切り出すのが難しいと感じています。

　確かに、子から見れば、高齢の親に対していきなり「遺言は書いてる？」と尋ねたら、遺産をアテにしてるのかと疑われたり、まだ元気なのになんと不謹慎なことを言っているのかと腹を立てられたりするかもしれません。

　子側から話を切り出す場合は、いきなり遺言や相続という話題に触れるのではなく、今後の生活に関する老親の希望から入るのがいいでしょう。

　「年金はどのくらいもらってる？　貯金は大丈夫？　これからやりたいことはある？」とさりげなく切り出すとスムーズなのではないでしょうか。

　切り出し方が決まったとしても、タイミングがまた難しいものです。そこで大切なのが、きっかけや理由を作ること。たとえば本書のような本を片手に「最近こういう本を読んで気づいたんだけど」と切り出すといいでしょう。同様に、テレビや新聞、セミナーなどで相続について見聞きして話したくなったと言い出せばスムーズだと思います。

　老親が元気でまだ早いと思うくらいのタイミングで、老後の生活やその先の相続について話し合いの場を持つことが肝要です。認知症や病気でまともに話し合いができなくなってからでは、老親の意向も確認できず、非常にナーバスな話になってしまいがちです。

　子側から働きかける場合、まずは兄弟姉妹間全員で家族会議の必要性を統一認

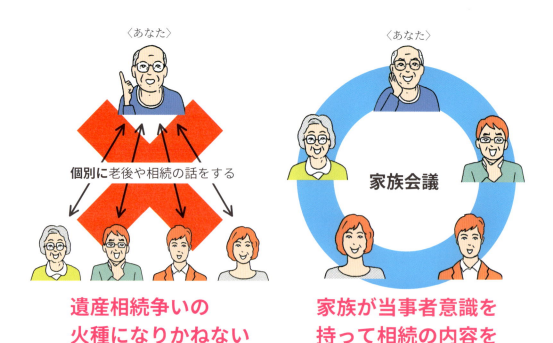

識し、子全員の希望として老親に家族会議を提案するのが理想です。子が団結して、自分の老後を支えていく話をしたいと言ったときに、拒む老親はまずいません。

　親側から話を切り出すのも注意が必要です。よく親が複数の子に対し、個別に話をしてしまうケースがあります。そうすると、たとえば親が認知症になったあと、子は各々、自分が老後及び財産を託されたのだと主張しかねませんし、兄弟間で遺言の書換え合戦も起こり得ます。一部の子だけで老後や資産承継を決めてしまう事案も見かけます。その結果、家族間で相続の前後で揉めごとが起こる、「争族（あらそうぞく）」が起きかねません。

　争族は必ずしも親の死後に起きる問題ではありません。認知症や病に伏せている老親の枕元で、子どもたちが老親の介護方針をめぐって言い争うという悲劇は現実にあります。

ゆえに**「自分が死んだあとのことは知らない」と考えてはいけません。老後の**
サポート体制についてしっかり家族と話しておかないと、認知症や病気等要介護
状態になって困るのは、実は親自身なのです。そして、その延長線上にあるのが
相続なのです。

　「相続」は、受け継ぐ側だけの問題でも、渡す側だけの問題でもありません。
双方が当事者意識を持って家族会議に臨んではじめて、意味のある結果、つまり
「理想の相続」が実現できるのです。

本書に登場する家族の紹介

　司法書士のみやた先生は、相続の意味や家族会議の重要性を早い段階で知ってもらうために、家族信託のセミナーや個別相談会を開催している。
　今日は、50歳の勘太郎が、80歳になった与兵衛の今後について考えたくなったため、一家を連れてみやた先生の個別相談会に参加することとなった。

みやた先生

　家族信託にとても詳しい司法書士。高齢化社会が進む日本の状況を深刻に考え、高齢者や障害者とその家族のケアや相続に関わる法律面でのサポートを中心に手掛けている。相続等に関わるアドバイス、コンサルティング業務も積極的に実施している。

鈴木与兵衛

　80歳。会社を退職してからは、不動産賃貸をやりつつ老後を悠々自適に過ごしている。まだまだ元気だが、将来の夫婦の生活や相続のことを最近考えるようになり、勘太郎に不安を漏らしていた。勘太郎と桜子に全幅の信頼を置いている。

鈴木ウメ

　81歳。体調を崩しがちでよく病院にかかっているが、それが功を奏して、大きな病気は未然に防いできている。
　家事一筋で、与兵衛の不動産賃貸などの仕事も特に手伝っていない。

鈴木勘太郎

　50歳。メーカー企業で営業として働いている。優子と結婚しており、長男の勇輝は25歳の大学院生、独身。
　与兵衛の相続について家族で誰も考えていないことに気づき、みやた先生の個別相談会へ家族で参加することにした。

鈴木孝二郎

44歳。作家になると言い張って約20年が経過。独身で不安定ながら、気ままな生活を送っている。兄の勘太郎が妻子持ちでマジメな生活を送っているのに対して、対照的。

山田桜子

42歳、与兵衛の長女。山田英雄のもとへ嫁いだ。与兵衛たちと桜子は仲がいいが、夫の英雄は与兵衛一家とはウマが合わず、ときどき板挟みになっている。

相続で、英雄がトラブルの火種にならないか不安。

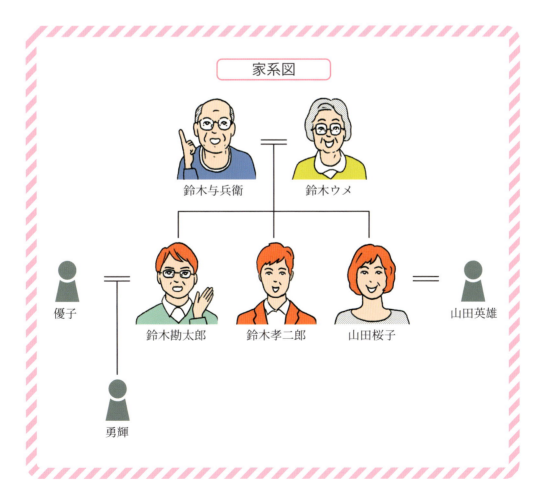

第 1 章

家族信託の基本について理解しよう

1 家族信託とはなんですか？
～家族の家族による家族のための財産管理～

みやた先生：家族信託は、**親が元気なうちから子に財産の管理を任せる仕組み**です

与兵衛：親と子の契約か。なんのためにワシと勘太郎で契約をするのじゃ？

勘太郎：将来、親自身による財産管理が難しくなっても**困らないように**、あらかじめ子が万全の管理をしておく訳ですね

みやた先生：はい。もし与兵衛さんが入院することになって、お金はないけど土地を持っている場合、署名や正確な判断ができない与兵衛さんに代わって、勘太郎さんが土地を貸したり売ったりして入院費を捻出することもできます

与兵衛：それは便利じゃな。超高齢社会の今、祖父母や親が認知症になり、預金がおろせなかったり、自宅が売れなくなって困っている家族が多いそうじゃな

みやた先生：はい。本人の財産が使えなくなるのを「財産の凍結」という言い方をしますが、**財産の凍結を防ぎ**、子が親のために**財産を有効活用**し、さらには**相続までスムーズに繋げられる**のが家族信託の魅力なんです

家族信託におけるキーワードの簡単な説明

家族信託	高齢者や障害者のための柔軟な財産管理と円満・円滑な資産承継の両方を実現できる最先端の財産管理の仕組み
信託契約	主として老親が子に財産の管理と処分を託すために交わす契約
委託者	財産の所持人であり、管理を託す人（主として老親）
受託者	託された財産の管理や処分を行う人（主として子）
受益者	信託財産から経済的な利益（家賃収入など）をもらう人 信託財産の実質的なオーナー
信託財産	管理・処分を託した財産。不動産・現金・中小企業の株式が中心

※預貯金は金融機関の実務上対応できないので、払戻しをして「現金」として託すことになる。
　上場株式や国債・投資信託は金融機関の実務対応がまだ進んでいない。

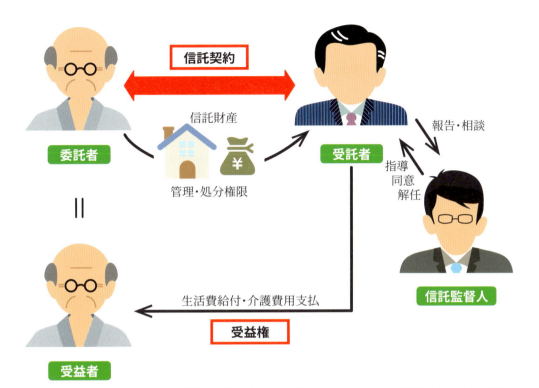

根拠：信託法（2007年9月30日に現行法施行。旧法は大正時代から存在）

家族信託の理解に欠かせない3つのこと

① 家族信託は「契約」なので、契約当事者となる親と子が契約の目的・効果を理解していないとできない。つまり、**老親の認知症が進んでいるともはや手遅れ**となる。

② 受託者となる子は、あくまで**財産の管理・処分を担うだけ**で、管理を託した信託財産は、受益者である**親の財産であることに変わりはない**。

③ アパートの家賃等の信託財産から得られる利益は、**受託者の手元に入ってくる**が、契約前と同様、**受益者である親の収入**であり、従来通り**親の確定申告が必要**になる。

2 家族信託の効果をイメージしてみよう
～委任と成年後見制度と遺言の良いとこどり～

家族信託を導入する効果を右図で説明します。まず与兵衛さんが元気なうちから財産管理を任せるので『委任』や『管理委託』と同様の効果があります。自分でもできるけど、敢えて誰かに管理を任せるイメージです

ワシが元気なうちは、ワシの指示や希望を元に息子が管理するのじゃな

はい。もし将来、認知症や大病で与兵衛さんの理解力が衰えても、引き続き勘太郎さんが与兵衛さんに代わって、財産の管理や処分をしてくれますので、『成年後見人』による財産管理の代用としての効果もあります

成年後見制度を利用する手間や負担を避けることができるのですね

さらに、与兵衛さんが亡くなったあとの信託財産の承継者も指定できるので、『遺言』の機能もあります。信託契約1つで、これらの3つの効果を活用しつつ、勘太郎さんによる長期の財産管理の仕組みが作れます

右図の家族信託の赤い矢印に途切れがないのは、そういうことじゃな

ブツ切りだった各制度の効果が1つになるって、すごく便利ですねっ

家族信託と委任・後見・遺言の併用はできるか？

　家族信託は、委任の効果を完全に代用できるので、併用する意味はほぼない。一方、家族信託で主要財産の管理を担い、信託では賄えない「身上監護※」を成年後見制度で補うという併用の形はあり得る。特に障害者のための財産管理・生活支援では、併用を前提に考えることも多い。
　また、信託契約で保有財産全てを信託財産に入れることは困難なため、信託財産以外の財産については遺言の中で財産の承継者を決める意義は大きい。実務上は、相続発生時に遺産分割協議をしなくて済むように家族信託と遺言を併用して、円満・円滑な資産承継に備えるケースは多い。

※被後見人の生活、療養、介護などに関する法律行為を行うことを言います。具体的には、入院・入所契約や要介護認定の申請、介護サービスの利用手続き等です。

家族信託の機能イメージ図

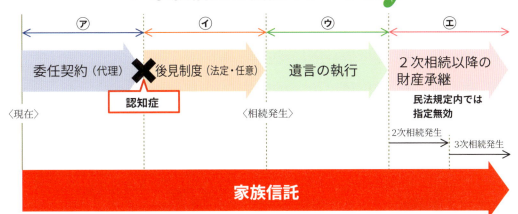

㋐元気なうちから財産の管理・処分を託す　　**委任契約の代用**

㋑本人の判断能力低下後における財産の管理・処分を託す　　**後見制度の代用**

㋒本人死亡後の資産承継先を自由に指定できる　　**遺言の代用**

3つの機能を1つの「信託契約」で実現可能！

さらに㋓通常の民法では無効となる2次相続以降の財産承継先も指定できる
（※詳しくは、第1章4「家族信託の3大メリット②」参照）

「判断能力が喪失」すると困ること

財産を持つ親本人に物事を理解する力（＝「判断能力」と言います）が衰えると、次のようなことで困りごとが起きます！

※上記①、②の場合は、親本人の意思の確認ができないので、委任状によって家族等がこれらの手続きを代理することもできない

⇩

いわゆる「認知症による資産凍結」という事態

⇩

この事態を**未然に防ぐのが「家族信託」**。事後的に解消するのは**「成年後見制度」**

3 家族信託の３大メリット①
～親が認知症になっても柔軟な財産管理ができる～

前頁では、ワシの頭が冴えなくなると、土地を売ったり預金をおろしたりできないという話じゃったな

俗にいう『認知症による資産凍結』ってやつで、それを解決するのに『成年後見制度』と『家族信託』の２つがあると理解しましたよ

はい。ただ、成年後見制度を利用し与兵衛さんの財産を成年後見人となった勘太郎さんが管理する場合、**後見人が代理できることに制限があります**

えっ、成年後見人なら何でもできるという訳ではないんですか！？

そうです。後見人でも必要性があれば不動産の売却自体は可能ですが、その売却後の代金を元に不動産購入（買換え）や投資運用は認められません。家の大規模修繕やリフォームも認められないことがあります

ウメ
あらー。夫がボケてしまったら、これまでやってきた相続税対策の長期計画が途中で頓挫してしまうわね。こりゃ大変だわ～

はい。相続税対策は相続が起きる直前までできると思っている方が多いですが、実際は計画途上で頓挫してしまうケースも続出しています

資産の状況やその活用方針次第では後見制度の利用は慎重にすべきですね

そこで家族信託の３大メリットの１つ目です！　それは、**親が認知症になっても、資産が凍結されず、さらに本人と家族が望む、相続税対策も含めた財産の有効活用や組換えが制約なくできる**という点です！

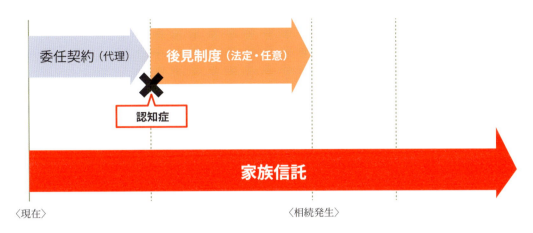

🌱 後見制度は使うべき方とそうでない方がいる！ 🌱

本人・家族・一族が望んでも、本人の直接の利益にならない後見人の行為は制限される

老親の入所・入院の費用を捻出したい方は……

⬇

自宅も含め不動産の
売却ＯＫ！

老親には年金収入や現預金が潤沢にある方は……

⬇

⬇

不動産の売却は難しい！

老親の保有資産を組換え・有効活用したい方は……

⬇

老親の資金を投下することは、本人にとってのメリット少

⬇

老朽化アパートの建替え、借地権の買取り、
収益物件の購入・建設・買換え、
投資信託・国債の購入等は**不可**！

4 家族信託の3大メリット②
～遺産の承継者を何段階にも指定ができる～

自分が亡くなったあとの遺産の行先について、2段階・3段階とその承継者を指定できるとしたらどうですか？

ワシが死んだら遺産全部をウメに渡し、ウメが死んだら自宅は勘太郎、アパート2棟はそれぞれ孝二郎と桜子に渡してあげたいのう

まさにそんな希望を叶えるのが家族信託の2つ目のメリットです

孝二郎

遺言でその内容を書いておいてもダメなんですか？

与兵衛さんが遺言で指定できるのは直接渡す相手のみ、つまりウメさんに相続させるところまでしか有効に指定できません。その後は、遺産を受け取ったウメさんが遺言を書かない限り与兵衛さんの希望は実現できません

親父の遺産を受け取ったお袋が、遺言も書かずに死んじゃったら？

相続人全員で、ウメさんに関する遺産分割協議をする必要があります

僕ら兄弟は仲良しだけど、世間の"遺産争い"はそこから発展する訳かぁ

そう考えると、遺産を渡す相手が認知症や障害者の場合に、遺言を書けない本人に代わってその先の遺産の受取人まで指定できるのは、親の"想い"を実現できると同時に、遺産争いの防止にも役立ちそうですね

桜子

円満な家族だけが家族信託を使うのかと思ってたけど、家族の関係性が複雑・微妙な家族の揉めごとを防ぐ効果もあるなんて知らなかったわ

『遺言』と『家族信託』で円満・円滑な資産承継の実現を目指すことは、遺す親側の責任であり、受け継ぐ側への"愛情"だと考えて頂きたいですね

『ワシら夫婦が死んだら勝手に分けてくれ』では配慮が足らんのじゃな

家族信託で何段階もの遺産相続先（数次相続）を指定可能！

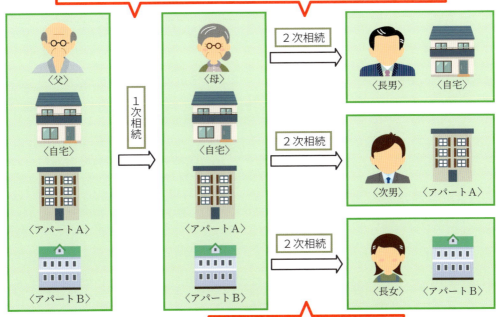

家族信託ならば、上記のような相続を父（与兵衛）の意思だけで指定可能。
遺言の効力は一代限りなので、母（ウメ）から子どもたちへの相続を父（与兵衛）は指定できない。

家族信託による数次相続が有効な例 → 再婚

前妻との間に長男が生まれたあとで再婚した場合、民法上では、後妻に資産を相続させると、以降は後妻の家族へ資産が相続されていってしまい、長男に資産を遺すことができない。
家族信託を使えば、後妻の死後に（前妻との）長男へ財産を相続させることができる。

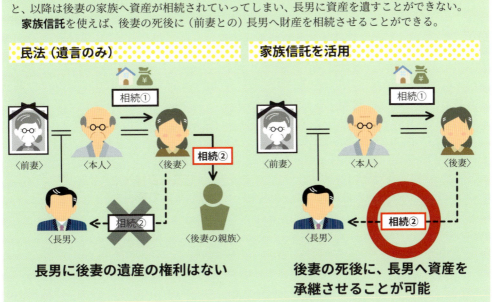

5 家族信託の3大メリット③
～共有不動産のトラブルリスクを解消できる～

複数の子に平等に遺産を渡したいとして、兄弟で不動産を共有にする方もいますが、**不動産の共有は多くのリスクがある**と言えます

将来ワシの賃貸アパートの利益を3等分するために、子ども3人に共有で相続させるとしたら、具体的にどういう不都合が起こるのじゃ？

3人共有の賃貸アパートの老朽化と入居率の低下が進んだとします。家賃収入が減り修繕費もかさむので、兄弟のうち2人はアパートを売ってお金で分けたいと思った。でも1人だけ売却に反対したらどうなります？

その反対者の協力が得られなければアパートの売却はできなくなるのね

そんな不都合を防ぐために『家族信託』が利用できます。与兵衛さんは生前から信託契約でアパートの管理を託し、与兵衛さん亡きあとも信託財産の管理を担う勘太郎さんから兄弟3人に利益を等分に分配するのです

賃貸管理や売却の権限は、『受託者』となった僕1人に集約してる訳だ

孝二郎と私は勘太郎に全てを託し、口を出さない代わりに何もしないで家賃収入や売却益の配当をもらえるのなら、面倒がなくて嬉しいわ

不動産の管理処分権限は1人（＝受託者）に集約しつつ不動産収入は複数人（＝受益者）で分け合うという『家族信託』の仕組みで、**共有不動産をめぐる将来の紛争予防**ができます。これが家族信託3つ目のメリットです

不動産の共有は回避しつつ、利益を複数人で分け合える！

不動産を共有する場合

兄弟等で不動産を共有すると……

下記のトラブルリスクがある！

・全員の合意がないと、不動産を売却するなどができなくなる
・あとで利害が対立するなど争いのもと

信託で共有を回避（受益権を準共有）する場合

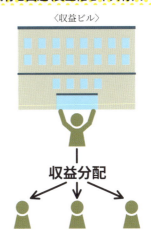

信託で、不動産の受託者を長男に設定すると……

・管理・処分権限は長男に託す
・不動産からあがる収益の分配についても取り決めておくと後日の揉めごとを回避できる

共有不動産をめぐる様々なトラブルリスクとは？

不動産の有効活用や売却には、共有者全員の合意及び協力が必要

リスク1	共有者に相続が起こるたびに共有者が増え持分が細分化されると管理の手間が増えるとともに共有者全員の合意が取りにくくなる
リスク2	共有者の一部が遠方・海外に居住している場合や行方不明の人がいる場合、売却手続きに手間がかかる
リスク3	共有者の1人に生じた下記の事情で売却等ができなくなる

・共有者間の意見対立で協力が得られない
・共有者の1人が死亡した際に相続争いが発生し、その共有持分を引き継ぐ相続人が決まらない

・家族信託で管理処分権限を「受託者」に集約できるので、複数の受益者の合意や協力は不要！
・不動産を売却等できなくなる、いわゆる**"塩漬け"リスクを回避**できる！

6 家族信託のデメリットとリスクは？
～家族信託の導入に際し注意すべき点～

家族信託のメリットはよく分かりましたが、反対に、家族信託をするデメリットやリスクはあるのでしょうか？

家族信託をする際の**デメリットやリスクは特にありません**

良い点ばかりでリスクもないのに、なぜ皆やらないのかのぅ？

やらない理由は明確です。まだまだ知らない方が多いのです。弁護士・司法書士・税理士等の専門家や税務・福祉に関わる公務員、金融機関の方でもきちんと理解されている方は多くないのが実情です……

あらまぁ。なぜ専門家の間でも家族信託は知られていないのかしら？

家族信託は、安心できる老後生活や円満な資産承継など、本人と家族の"想い"を叶えるために専門家と検討するものですが、法務・税務・後見制度等の横断した知識を駆使して対応しようという**専門家が少ない**のです

ところで、デメリットはなくても、何か注意すべき点はありますか？

はい。複数の不動産を持っている方は、どの不動産を託すか、またはその託し方により、『**損益通算禁止**』※という税務的な注意点があります。その他の注意点は右頁にまとめてみました

"家族会議"で、家族信託についての正しい理解を共有することと、きちんと話し合いをすることで、導入についての憂いはなくなりそうだわ

こんな画期的なスゴイ仕組みがなんで世間に普及しないのか不思議ですね

社会的ニーズを考えれば、今後急速に普及していくことでしょうね

※ 信託財産の損益通算について　（詳細は右頁）

租税特別措置法41の4の2①にて、「信託財産である不動産から生じた損失はなかったものとみなす」旨が規定されている。

家族信託の導入に際し注意すべき点

①信託不動産における"損益通算禁止"があることを理解する
複数の不動産所有者は、税務的に注意すべき点があることを踏まえ信託の設計をすべき

②何十年もの長期にわたり家族の資産承継をしばることになりかねない
何段階もの資産承継（数次相続）を指定できるからこそ、独りよがりにならず子や孫の想いも織り込んだ家族信託の設計が求められる

③家族信託導入時のコストがかかる
専門家報酬・公証役場の手数料・不動産登記費用など、導入時にまとまった費用がかかる。しかし、これにより、何十年と世代をまたいだ財産管理と資産承継の仕組みを確立できるので、長期的にみれば割安な必要経費だと理解すべき

④家族信託の法務・税務・実務に精通した専門家が少ない
どんな専門家に相談するかで家族信託の将来に重大な影響を与えかねないので、高度な最先端の外科手術を受けるのと同じイメージで、相談する専門家の選定は慎重にすべき

信託不動産における『損益通算禁止』とは？

①信託以外の不動産所得との通算ができない
信託不動産から出る損失は「なかったもの」とされるため、他の収入との通算ができない。
普通の所有権財産なら通算できるのに比べて、課税される額が多くなってしまう。

〈損益通算のイメージ〉

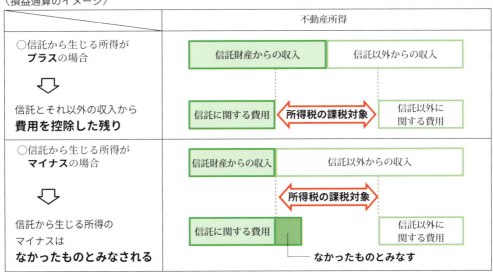

②別個の不動産信託契約間の通算ができない
賃貸物件Aを信託契約Xで、賃貸物件Bを信託契約Yで別々に信託契約を結んだ場合、Aの年間収支のプラスとBの年間収支の赤字との損益通算もできなくなることに注意。

7 家族信託と成年後見、どっちを使う？
〜家族信託と成年後見制度の比較〜

いまだに成年後見制度と家族信託の使い分けが理解できません……

まず考えるべきポイントは、**本人の理解力が衰えたら困ることがあるかどうか**です。たとえば、預金が下ろせない、不動産が売却できない……とか

我が家はなにかと困ることがありますが、もし困ることがない場合は？

困りごとがなければ、支える家族さえいれば後見制度も家族信託も不要なケースはあり得ます。では、困ることがある場合の次なるポイントは、**成年後見人を就ければ、その困りごとが充分に解消されるかどうか**です

たとえば、老親の入院費捻出のために不動産を売却したい場合は、後見でも家族信託でもその目的自体は果たせそうですね

そのとおりです。でも、不動産売却だけが主目的ではなく、その売却代金を再投資して**相続税対策もしたい方は、成年後見制度は使えません**

以前、後見人ではできないことがあると学びましたもんね（P.25参照）

利用する側とすれば、コスト面の比較も必要ですね

家族信託の導入費用はある程度かかります（P.60参照）。しかし、導入後は家族が主役の仕組みですので、運営コストはほとんどかかりません

僕が成年後見人になれば、後見の運営コストもかからずに済みませんか？

理解力の低下した本人の保有資産が多いと「後見監督人」が就き、その報酬が本人の死亡まで発生するので、実は運営コストはかかるんです

喜ばしいことですが、本人が長生きすれば、後見の運営コストの総額が家族信託の導入費用を大きく上回る可能性もありますね

叶えたい希望が実現できるかを最重要視しつつ、支える子側の負担の大小や長期的なコスト総額なども比較して、ベターな方策を選択すべきですね

家族信託と成年後見制度の比較表

	法定後見人	任意後見人	信託受託者
① いつからいつまで続くか	家庭裁判所の審判～本人の死亡まで	同左	契約締結時（原則）～終了時期は自由に設定OK！
② 権限	ⓐ財産管理 ⓑ法律行為の代理（同意・取消） ⓒ身上監護	ⓐ財産管理 ⓑ契約で定めた法律行為の代理 ⓒ身上監護	契約で財産の管理・処分に関する権限を自由に設定OK！
③ 本人に代わり不動産の売却、賃貸、建替え等ができるか？	自宅は、家庭裁判所の許可なく勝手に売却等はできない（合理的理由が必要）。自宅以外は後見人の判断で売却等が可能だが、必要性がないのに売却等すると事後的に問題になり得る。	売却の代理権があれば、自宅でも家庭裁判所・任意後見監督人の同意は不要。但し、必要性がないのに売却等すると事後的に問題になり得る。	受託者の権限内において、信託目的に沿っていれば売却等も自由に可能。
④ 相続税対策（収益物件の購入等）ができるか？	相続税対策や資産の投資・運用は原則不可！	任意後見契約の中で相続税対策や積極的運用の希望が明記されていても、できない可能性が高い。	受託者の権限内において、信託目的に沿った相続税対策や資産運用が可能！
⑤ 本人に代わり贈与ができるか？	不可。但し、扶養家族への必要な実費の支払いはOK。	同左	原則不可！但し、信託目的に反しない限り、扶養家族への必要な実費の支払いは可。
⑥ 悪質な訪問販売等に対する対処	法定後見人が取消可能！（取消権の行使）	任意後見人に「取消権」はないので、契約を取り消せない！	受託者に「取消権」はないが、信託財産は、受託者の手元で管理するので、被害を最小限に防ぐことは可能。
⑦ 本人死亡後の相続手続きができるか？	本人死亡で後見業務が終了し、原則相続人等に財産を引き渡すところまでしかできない。	同左	本人死亡でも信託業務は終了せず、受託者の手元で引続き管理・処分する仕組みも可能！
⑧ 監督機関	家庭裁判所又は後見監督人による監督を受ける（定期的な報告義務あり）。	必ず任意後見監督人による監督を受ける（定期的な報告義務あり）。	必須の監督機関はないが、「信託監督人」等の監督機関を任意に設定可能。
⑨ 財産管理者への報酬	法定後見人への報酬は、家庭裁判所が「報酬付与審判」にて金額を決定（自由に設定不可）。なお、家族が後見人でも報酬はもらえる。	任意後見人への報酬は、任意後見契約の中で自由に設定OK！（定めがなければ無報酬）	受託者への報酬は、信託契約の中で自由に設定OK！（定めがなければ無報酬）
⑩ 定期的に発生する費用（ランニングコスト）	家族が後見人になっても、本人の保有資産が多い場合は後見監督人が就き、月額1～3万円の報酬がずっと発生する可能性あり。職業後見人が就く場合、本人の保有資産や業務内容等に応じて、月額2～6万円の報酬がずっと発生。	上記⑨の任意後見人への報酬に加え、任意後見監督人報酬として、必ず月額1～3万円がずっと発生。	上記⑨のとおり、信託契約に規定した報酬以外は特段発生しない。

第1章　家族信託の基本について理解しよう

8 信託銀行の「遺言信託」とはなにが違う？
～信託銀行の「遺言信託」と家族信託の比較～

信託銀行のチラシなどで、『遺言信託』の文字を目にしますけど……

それじゃぁ、信託銀行にも家族信託の相談はできるのかいな？

信託銀行の『遺言信託』はいわば"遺言書信託業務"で、あくまで遺言書の作成・保管・執行のサービス商品名です。亡くなってから効力が生じる遺言では家族信託が担っている老後の財産管理の部分には対応できません

老後の不動産管理を託すことや家族信託の相談はできないけど、遺言の作成と遺言執行であれば、信用力の高い信託銀行に頼めるのね

はい。但し、遺留分を敢えて無視した遺言など、遺言内容次第で『遺言信託』で対応できないこともあります。また、相続発生後に相続人間の紛争性が明確であれば、信託銀行が遺言執行者に就任しないこともあります

そうすると、遺言内容によっては、初めから弁護士・司法書士・行政書士等の法律専門家に依頼した方がよいこともある訳ですね

なお、家族信託で託した財産については、契約の中で遺言の効果を出せるので、信託財産の承継者の指定については別途遺言を作る必要はないです

なるほど。信託財産以外の財産、たとえば本人名義の預貯金や株式・国債、絵画や骨董などの価値ある動産などについては、遺言で補うべきですね

遺言書の作成に専門家の関与は必要？

　本人が全て直筆で書いた遺言を「自筆証書遺言」というが、これは所定の要件を満たさないと無効になってしまう。訂正方法も法律で決まっている。遺産を渡そうと思っていた相手が先に亡くなると、遺言の該当部分が無効になるので、「もし遺言者の死亡以前に亡くなっていた場合は……」という予備的な条項を入れたり、遺言執行者の指名をすべきだったり、専門家でないと分からない実務的なポイントがいくつもあるので、せっかく作るのであれば、専門家の知恵を活用すべき。

　なお、自筆証書遺言だと、相続発生後に家庭裁判所で「検認手続き」をしなければならず、相続人にとって煩わしい手間と日数がかかる。原本を紛失・破棄すると自筆証書遺言は無効になるので、遺言者の想いを確実に実行するには、再発行も可能な「公正証書遺言」を公証役場で作成するのが好ましい。

遺言信託サービスと家族信託の対応範囲のイメージ

	〈生前〉	〈本人の死亡〉 〈死後〉
家族信託	・財産管理や生活費支給 ・資産活用や相続税対策	・資産承継者の指定（遺言機能） ・生前から継続した財産管理
遺言信託サービス	〈生前〉 ここの部分は対応できない	〈死後〉 遺言執行

信託銀行の遺言信託サービスが適する条件・希望

① 相続人の関係が円満（紛争性があると、信託銀行は遺言執行者にならない場合がある）
② 煩わしい相続手続きはコストがかかってもプロに頼みたい
③ 金融資産が多い
④ なんといっても信託銀行の信用にかけたい

上記①〜④全てを満たさない場合、特に紛争性のあるケースでは、
家族信託や法律専門職（弁護士・司法書士等）による**遺言執行がベター**

遺言と家族信託の併用

信託契約で親が保有する財産を漏れなくすべて信託財産として託すことは難しく、信託財産から漏れた遺産が必ず発生する。**受取人指定のない遺産をめぐって争奪戦が起きるのを防ぐために、遺言と家族信託を併用するというケース**も多い。

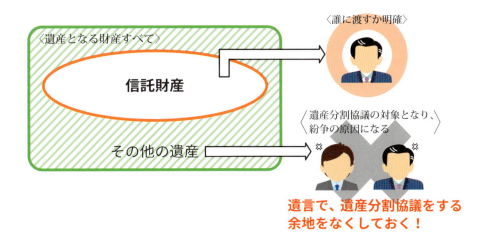

遺産分割協議をする必要がなくなるような内容の（全ての財産を網羅した）遺言を信託契約作成と同時に作成することで、スムーズな資産承継を実現できる

9 信託銀行は財産を託す相手か？
～商事信託と家族信託の使い分け～

信託銀行の『遺言信託』は法律上の「信託」でないと分かりましたが、信託銀行にはちゃんと「信託」するサービス商品もあると聞きましたが？

信託銀行を受託者として、料金を払って金銭を託すことは可能です

『投資信託』という金融商品もそのひとつですね

はい。資産をプロに託して運用してもらう信託を『商事信託』と言います

商事信託か。子に託す『家族信託』とどう使い分けたらいいのかのぅ？

信託銀行に託せるのはお金だけで不動産は通常託せませんが、老親の多額のお金を運用するなら信託銀行に手数料を払って託すことができます

家族・親族に託せる人がいない場合も商事信託が選択肢になりますか？

はい。金融庁の許可を得て商事信託を行うのは信託銀行の他「信託会社」もあるので、収益不動産を受託する信託会社を利用する手もあります

そうは言っても、支える家族がいて、資産運用することが主たる目的でなければ、『家族信託』がよさそうですね

そうですね。手数料がかかる商事信託は利用条件があるので、家族信託で対応しにくいものがあれば商事信託で補えるか検討すればいいでしょう

商事信託は、対象となる財産が限定的

商事信託はプロに管理を託し、そのプロは、管理する財産から得られる収益から報酬をもらう仕組み。そのため**通常は、運用収益の見込めるような財産しか信託対象として受け入れてもらえない点に注意**。
　信託銀行：原則として現金のみが対象で、通常は不動産を預からない
　信託会社：現金と、大都市圏にあるような収益の見込める不動産が対象

商事信託と家族信託（民事信託）の比較

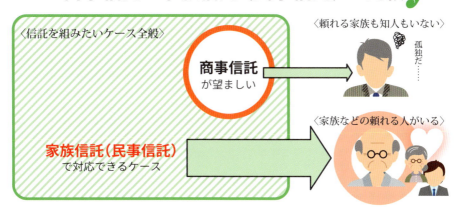

商事信託が適する条件

・多額の金融資産を投資運用したい ⇒ **信託銀行の金銭信託を検討**
・都市部の土地を活用して負担なくアパート経営をしたい ⇒ **信託会社の運用型土地信託を検討**
・受託者のなり手が見つからない ⇒ **信託銀行・信託会社を検討**
・長期にわたる財産管理の負担と永続性を確保したい ⇒ **信託銀行・信託会社を検討**

家族がいなければ商事信託しか選択肢がないか？

プロに託す『商事信託』以外の信託の形態を『民事信託』と言い、民事信託の中でも家族・親族に託す形態を『家族信託』と呼ぶ。つまり、家族・親族がいなくても、信頼できる親友やボランティア団体と信託契約を交わして財産を託すことは理論上可能。自分に最も適した信託手段を考えてほしい。

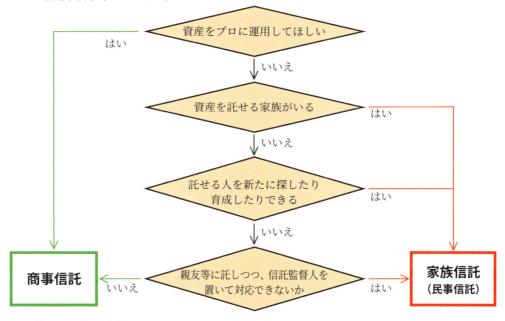

〈その他のポイント〉
資産運用以外のニーズがある場合は、**自由かつ柔軟な財産管理が実現できる家族信託・民事信託**を検討するのがよい。

10 受託者の相談相手・お目付役
～信託監督人を活用した仕組み作り～

ワシがこの先衰えて、目が行き届かなくなったら、託した子がちゃんと管理を続けていくのか心配じゃ

家族信託は信頼できる相手に託すという大前提はありますが、受託者が長期的にきちんと管理をしているかを見守る役目を置くことができます

それが右図の『信託監督人』ってやつですね

はい。ちょっと仰々しい名称ですが、受託者への客観的なお目付け役を置くことで、老親はもちろん、財産管理に直接関与しない受託者以外の兄弟にも安心してもらえるという側面もあります

確かにチェック機能がないと身勝手な支出や使途不明金が出てくるかも（笑）

俺はそんなことしないぞ（笑）。信用してくれよ～（苦笑）

それじゃぁ、誰を信託監督人にすればいいのじゃ？

家族内で監督することを否定はしませんが、兄弟喧嘩を誘発しかねず、あまりお勧めはできません。できれば客観的な立場の人を置くべきです

ふむ。先生が監督人になってくれれば、ワシも安心じゃ

信託監督人は、財産管理のプロではない家族が管理をしていく中で不安や迷いが出てきた際の相談相手という役目も担います

俺も、先生にいつでも相談できるとなれば心強いですよ

誰を信託監督人にすべき？

> たとえば、受託者を長男、信託監督人を長女にすると……
> ・客観的かつ冷静な業務チェックが難しい ⇒ 兄弟喧嘩を誘発するリスク
> ・法的知識に乏しい一般人同士で協議しても妙案が出ない可能性

↳ 客観的な第三者がベター、
家族信託の実務に精通した法律専門職がベスト！

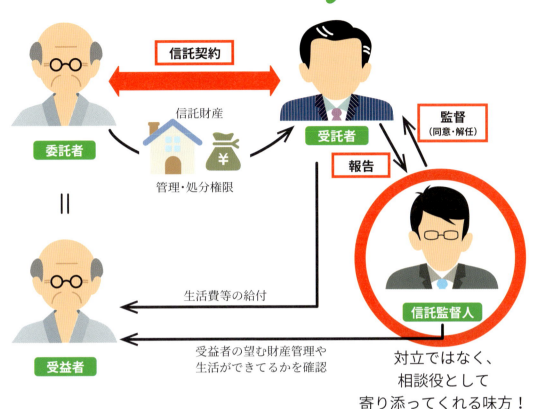

信託監督人の主な業務

受託者と対立する立場ではなく、相談相手として**寄り添う味方**

①受託者の業務内容をチェックする

老親（受益者）に代わり、当初の本人及び家族の"想い"に沿った財産管理や財産給付ができているかを定期的にチェックする

②重要な判断に関する同意やアドバイス

信託不動産の売却・建替えなど重要な財産の処分時に、客観的にその必要性・妥当性を検討し、同意不同意を判断することで、受託者の暴走や悪質な業者に騙されることを防ぐ

③契約変更や想定外の事態に対応

契約内容を変更すべき場合に受託者と協議したり、受託者が欠けた場合に新受託者を指名するなど想定外の事態に際して客観的に対応する

第１章のまとめ

1 家族信託は、老親だけではなく、老親を支え、その先の財産の承継者となる子を交えて検討すべき。つまり**親子・兄弟の話し合い（家族会議）で進める**最先端の財産管理の仕組み。

2 家族信託は、信頼できる家族に財産の管理を任せることで、『**老後の安心**（＝生前の財産管理・給付）』と『**円満な資産承継**（＝遺言の機能）』の２つの願いを一度に実現できる効果（機能）を持っている。

3 家族信託と成年後見制度は、老親本人及び家族のニーズに合わせて使い分けることが重要だが、家族への負担、運営コスト、資産活用への制約を考えると、**後見制度の代用として家族信託を導入すべきケースも多い**。

第2章

家族信託の実際

1 信託に関する税務①
信託税務は従来の所有権と同じと考えればOK

与兵衛：家族信託の導入で新たな税金がかかったりせぬかのぅ？

みやた先生：従来の所有者たる親が「受益者」になる、つまり引き続き信託財産の持ち主のままでいるのが通常の形です。そうすると、他人に財産が移る訳ではないので、新たに税金が発生することはありません

勘太郎：父が死ぬまでは、ずっと父の財産のままであるのは分かりやすいですね

従って、信託財産から収入があれば与兵衛さんがこれまでと同様に所得税の確定申告をします。また、与兵衛さんの死亡により信託財産（正確には信託財産から利益を得る「受益権」という権利）が家族に移れば相続税の対象です

家族信託に対する税務の取扱いは、所有権とほぼ同じということですね

なるほど。じゃが、待てよ。所有権と同じ扱いならば、なぜ家族信託が相続税対策に効果的じゃったかのぅ？

家族信託を導入するだけは税金が減りませんが、高齢の親の理解力低下に左右されず、子が相続税対策をじっくり実行できる意義は大きいです

孝二郎：親の老後の財産管理はもちろん、節税や争族対策の実行にも有効でしたね

税務において、信託財産の申告は別

　原則として信託導入後の所得税に影響はないが、第1章6で述べた損益通算ができないなどの点や個人の受益者につき信託から生じる不動産所得がある場合には不動産所得に関する明細書を確定申告書に添付する必要がある。

　また、確定申告とは別に、信託財産にかかる収益の額の合計額が歴年3万円以上ある場合等には、受託者は翌年の1月31日までに、信託の計算書及びその合計表を提出する必要がある。

信託財産への税金は受益者にかかる

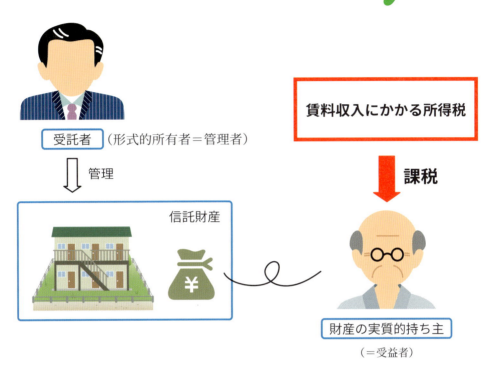

信託開始時：委託者＝受益者の場合
・信託設定時に「委託者＝受益者」とすれば贈与税や不動産取得税は発生しない

信託期間中〜相続：受益者が変わる場合
・固定資産税や賃貸収益にかかる所得税は、受益者が負担
・受益者が生存中に、別の受益者に変更した（受益権が他者に移った）場合、「みなし贈与」として贈与税の課税対象となる
・受益者の死亡を契機に、別の受益者に変更した（受益権が他者に移った）場合、「みなし相続」として相続税の課税対象となる

信託契約終了時
・「信託終了時の受益者＝残った財産の帰属権利者」ならば、課税なし
・「信託終了時の受益者≠残った財産の帰属権利者」となった場合、信託終了の原因に応じて贈与税または相続税の課税対象となる

2 家族信託に関する税務②
老親所有の不動産の売却を考える

次頁で詳しくお話ししますが、不動産を信託財産として管理・処分を託すと、**受託者の名前が登記簿に記載**されます

ウメ

そうなると、やっぱり税金が発生するのでしょうか？

勘太郎さんが管理者、つまり「受託者」として不動産を託されただけですので、**贈与税や不動産取得税はかかりません**

僕が受託者として信託不動産を売った場合の税金はどうなりますか？

与兵衛さんがそのまま売ったときとほぼ変わりません。信託不動産を売ったときに売却益が出れば、与兵衛さんに譲渡取得税※が課税されます

居住用財産の譲渡における3000万円特別控除など各種優遇措置も使えます？

はい。形式的な売主は受託者でも、信託不動産は実態として与兵衛さんの財産ですので、与兵衛さんの不動産売却として税制優遇は受けられます

桜子

父の不動産をいつかは売りたい場合、それが父の老後資金捻出のためか、両親亡き後に引き継ぐ者がいないからという理由かは別として、今からなにをすべきでしょうか？

親所有の不動産をどうするかは難しい問題です。右頁のように様々な選択肢がある中で、親の保有資産や収入、希望する老後生活に必要なコストなどをシミュレーションして、しっかり検討することが望ましいでしょう

※ **譲渡取得税**

不動産などを売却して得られた所得のこと。譲渡所得に対しては、他の所得と分離して所得税と住民税が課税される。譲渡益がなければ（譲渡所得がマイナスなら）課税されない。

課税譲渡所得金額 ＝ 売却価格 － （購入代金や建築代金＋仲介手数料等）

老親の保有不動産を将来どうするか？

配偶者を亡くした老親が自宅で独居というケースが少なくない。将来老親が入院・入所し、自宅が空き家になった場合に備え、なにができるだろうか？

元気なうちにする備え

■はメリット　■はデメリット

家族信託　｜ 柔軟な財産管理 ｜ 初期コスト ｜
最初にまとまったコストが発生するが、その後は長期的に大きなコストや手間、制約はなくなる。権限をもらっておけば、受託者の判断で賃貸や売却も可。世代を超えて（2次相続以降も）一貫した財産管理が実現できる。

任意後見　｜ 制約 ｜ 報酬負担 ｜ 報告義務の負担 ｜
将来認知症になった際の財産管理等を任せる人を契約で決めておくので確実に就任してもらえるが、節税策の実行不可などの制約が多く、任意後見監督人への報酬と定期的な報告義務の負担も大きい。

生前贈与　｜ 制約なし ｜ 贈与税負担 ｜ 不動産取得税負担 ｜
財産が子に移るので管理への制約や資産凍結リスクはなくなるが、受贈者たる子への贈与税・不動産取得税の課税負担を考慮する必要がある。

生前売買　｜ 制約なし ｜ 譲渡所得税負担 ｜ 不動産取得税負担 ｜ 売買代金の用意 ｜
家族や第三者に売却することで、将来老親の認知症等で売却不能となるリスクを回避。売却価格次第では、売主に譲渡所得税が課税される。子に売ると贈与税は発生しないが、売買代金の用意と不動産取得税と譲渡所得税の問題が残る。

備えないまま老親が認知症になったときにできること

法定後見　｜ 制約 ｜ 報酬負担 ｜ 報告義務の負担 ｜
一定の制約の下、後見人が賃貸や売却もできるが節税策の実行は不可。後見監督人が就く場合の報酬と定期的な報告義務の負担も大きい。家族に紛争性があれば、第三者（司法書士・弁護士等）が後見人になる。

相続まで持ち越す　｜ 相続税負担 ｜ 資産活用不可 ｜
現状のまま老親の死亡を待ち、相続発生後に子世代が自分の財産にした上で賃貸や売却をする。相続発生までは資産の有効活用はできない。

3 不動産信託と登記簿の記載
～不動産登記簿にどのように記載されるか？～

家族信託で扱う主要な財産は『不動産』『現金』『未上場株式』と申し上げましたが、その中でメインとなるのは、やはり不動産です

不動産が保有資産の大半を占める人も多いから、不動産の管理・活用は大きな課題ですよね。不動産を信託するとどうなりますか？

右図のように、管理を担う「受託者」の名前を不動産登記簿に記載する手続き（信託登記）をします。これにより、誰がどんな権限をもってその不動産の管理をするかが明確になります

ワシから勘太郎に名義が移っているが、贈与ではないのか？

贈与とは違います。信託された財産は「受益者」のもの、つまり従来通り与兵衛さんの財産であることに変わりはないです

受託者となる俺は、あくまで受益者である父のための管理者として形式的に所有者欄に記載される訳ですね

そうじゃったか。で、この登記でどんなメリットがあるのじゃ？

信託登記により、受託者が所有者のように管理や処分を実行できます

信託契約でどんな権限を託されるかにもよりますが、賃貸や売買、建物の建設・建替えなども、父のために俺の判断で実行できるのはいいですね

不動産売却時の「本人確認」も、形式的所有者である受託者に対して行うので、高齢の親の署名や意思確認が合法的に不要となる点で、認知症でも困らない財産処分の仕組みとして家族信託は大変有効です

信託不動産の登記簿記載例

権利部(甲区)(所有権に関する事項)

順位番号	登記の目的	受付年月日・受付番号	権利者その他の事項
1	所有権移転	平成 2 年12月 1 日 第●●●号	原因 平成2年12月1日売買 所有者 東京都杉並区××× 鈴木与兵衛
2	所有権移転	平成30年 7 月25日 第○○○号	原因 平成30年7月25日信託 **受託者** 東京都武蔵野市×× 鈴木勘太郎
	信 託	余白	信託目録第△△号

> 財産の管理処分権限を持つ者として、形式的に所有者欄に記載されます。

> 信託契約の概要が公示されます。

信託目録　　　　　　　　調整

番　号	受付年月日・受付番号	予　備
第△△号	平成30年 7 月25日 第○○○号	余白
1.**委託者**に関する事項	東京都杉並区×××丁目···番···号 鈴木与兵衛	
2.受託者に関する事項	東京都武蔵野市×××丁目···番···号 鈴木勘太郎	
3.**受益者**に関する事項	東京都杉並区×××丁目···番···号 鈴木与兵衛	

> 従来のオーナー(所有者)が記載されます。

> 委託者＝受益者の場合、贈与税も不動産取得税も課税されません。

4.信託条項

信託の目的
受益者の資産の適正な管理及び有効活用を目的とする。

> 何のためにこの信託が設定されているかが記載されます。

信託財産の管理方法

> 受託者の権限を記載します。

1. 受託者は、信託不動産について、信託による所有権移転または所有権保存の登記及び信託の登記手続を行うこととする。
2. 受託者は、信託不動産を第三者に賃貸することができる。
3. 受託者は、裁量により信託不動産を換価処分することができる。
4. 受託者は、信託の目的に照らして相当と認めるときは、信託不動産となる建物を建設することができる。

> この信託がいつまで継続するかが記載されています。オーナー(委託者兼受益者)が死亡しても信託契約が継続する設計も可能です。

信託の終了事由
本件信託は、委託者兼受益者山田父郎が死亡したときに終了する。

その他の信託の条項
1. 本件信託の受益権は、受益者及び受託者の合意がない限り、譲渡、質入れその他担保設定等すること及び分割することはできないものとする。
2. 受益者は、受託者との合意により、本件信託の内容を変更することができる。

第2章 家族信託の実際

4 受益者が死亡したときの登記簿
～家族信託の設計によって異なる不動産登記手続き～

信託不動産は、受託者が形式的所有者として登記簿に記載されることは分かりました。では、委託者兼受益者が亡くなったあとは、登記上はどのような手続きになるのでしょうか？

たとえばワシが死んだあとのことじゃな。どうなるのじゃ？

大きく分けて2通りあります。1つ目は、与兵衛さんが亡くなったら信託契約を終了して、不動産を所有権財産に戻して相続人に渡すケース。この場合、**相続人が所有者として新たに登記簿に記載**されます

では、父が死んでも敢えて信託を継続したい場合はどうなりますか？

2つ目のケースですが、**次の受益者（第2受益者）を信託目録の受益者欄に記載**します。甲区の所有者欄は、引き続き管理を担う勘太郎さんの記載のまま変更はありません

ということは、登記手続きに違いがあるということでしょうか？

鋭い質問ですね。費用にも関係する重要な点なので、下記をご覧ください

ケース1　受益者の死亡により信託契約を終了させる場合

　ウメがその不動産を相続する場合、勘太郎とウメが協力して、「受託者勘太郎」から「所有者ウメ」への所有権移転の登記手続きをする（右頁「ケース1」参照）。

ケース2　受益者の死亡でも信託を継続させる場合

　ウメが「第2受益者」として信託財産のまま引き継ぐ場合、信託目録の中の「受益者に関する事項」欄にウメの名前を記載する。この登記手続きは、引き続き管理を担う「受託者勘太郎」が単独で行う（右頁「ケース2」参照）。

受益者が死亡した場合の信託不動産の登記例

ケース1：受益者の死亡で信託を終了させ所有権財産で渡す場合

権利部(甲区)(所有権に関する事項)			
順位番号	登記の目的	受付年月日・受付番号	権利者その他の事項
1	所有権移転	平成2年12月1日 第●●●号	原因　平成2年12月1日売買 所有者　東京都杉並区××× 鈴木与兵衛
2	所有権移転	平成30年7月25日 第○○○号	原因　平成25年1月25日信託 受託者　東京都武蔵野市×× 鈴木勘太郎
	信託	余白抹消	信託目録第△号
3	所有権移転	平成35年9月25日 第●●●号	原因　平成35年7月20日信託財産引継 所有者　東京都杉並×××× 鈴木ウメ
	2番信託登記抹消	余白	信託財産引継

ケース2：受益者の死亡でも信託は継続し、受益者のみが変わった場合

信託目録		調整	余白
番　号	受付年月日・受付番号	予　備	
第△△号	平成30年7月25日 第○○○号	余白	
1.委託者に関する事項	東京都杉並区×××丁目・・・番・・・号 鈴木与兵衛		
2.受託者に関する事項	東京都武蔵野市×××丁目・・・番・・・号 鈴木勘太郎		
3.受益者に関する事項	東京都杉並区×××丁目・・・番・・・号 鈴木与兵衛　　　　　　　　　　　　　　　　　受益者変更 平成35年9月25日 第○○○号 原因　平成35年7月20日変更 受益者　東京都杉並区×××丁目・・・番・・・号 　　　　鈴木ウメ		

5 現金の信託と信託専用口座
～将来の預金凍結に備えた金銭の管理～

高齢の親の生活費や入院費管理を目的に現金を信託するケースも多いです

現金を信託するメリットはなんじゃろうか？

親が認知症になり預金を窓口でおろせない事態を防ぎ、入所等で多額のお金が必要になっても、家族が困らないようにできるメリットがあります

妻が夫の口座からカードでおろして介護費用を工面する話はよく聞くけど

でも定期預金は本人確認が厳格で代理不可だから実質的に凍結しちゃうよ

そのとおり。ですから、将来の"預金凍結"を大きなリスクと考える方は、あらかじめ親の財布を預かっておくイメージで現金を信託するのです

大金を親の手元に置かなければ、振込め詐欺の被害も防げて一石二鳥ね

親が自分でお金や通帳の管理ができなくなった際、成年後見人のようにお金の管理や生活費等の給付をするのが信託の「受託者」です

預かったお金は、俺の財産とごっちゃにならないようにしなきゃだね

それじゃぁ、ワシの預金口座をそのまま勘太郎に信託できぬのか？

従来の親の口座を子がそのまま信託契約で引き継いで管理することはできません。一旦おろして、右頁のとおり "信託専用口座" か "信託口口座" で管理するか、現金管理することになります

信託した現金の管理方法

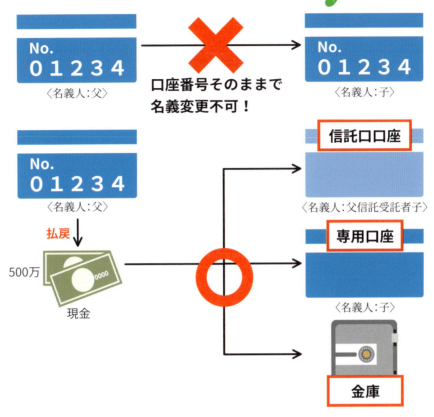

信託財産たる金銭の管理用口座の作成実務（理想と現実）

受託者が出し入れ可能な管理用口座を用意すべきだが、下記①が望ましい。
しかし、現実には、「信託口口座」の作成に応じてくれる金融機関はまだ多くない。
そこで、信託契約後に信託口口座が作れずに困らないように、信託契約締結前に下記②の準備をするのが実務上必要な対応といえる。

①「信託口口座」 ※「しんたくぐちこうざ」と読む

下記のような口座名義になるので、銀行印の届出は子（受託者）となっているが、預金は親（受益者）の財産であることが、口座名義上も明確となる。

〈信託口口座の名義例〉
「委託者山田父郎信託受託者山田子太郎」 「山田父郎受託者山田子太郎信託口」

※口座名義は「信託口口座」の体裁をとるが、実際には屋号扱いの子の個人口座と変わらない（受託者たる子が亡くなったら口座凍結してしまう）取扱いの金融機関も多いので、専門職に相談しながら、口座を作る金融機関を慎重に選択すべき。

②「信託専用口座」

子が信託財産の管理用に新規で作成した、子名義の個人口座。対外的には信託財産を管理するための口座であることは分からない。そのため、法律上・税務上問題が起きないように、**信託契約書の中で口座番号まで明記**しておく。親の死亡時には、親の遺産として当該預金を相続財産として申告することになる。

6 賃貸アパートを家族信託で管理する
～賃貸不動産を信託する際の実務上の注意点～

アパートや駐車場など賃貸不動産を家族信託で子に託す場合、信託契約の締結と信託登記をすれば終わりではありません

ワシも賃貸物件をいくつか持っておるが……、なにをすべきなのじゃ？

今までは、家賃は与兵衛さんの口座に振り込んでもらっていたでしょう。しかし信託開始後は、速やかに受託者たる勘太郎さんが出し入れできる**管理用口座（前頁参照）に家賃の振込先を変える必要があります**

そうしないと、受託者として家賃収入の管理をできませんね

信託開始後は、賃貸借契約についての新規・更新・解除、滞納請求などは全て**「受託者鈴木勘太郎」という肩書付で調印・対応**することになります

なるほど。他に受託者として忘れちゃいけないことはありますか？

賃貸不動産に限りませんが、信託不動産となった建物の火災保険・地震保険については、**保険契約者の変更手続きをする必要があるか、損害保険会社または代理店に確認が必要**です※

損害保険料や固定資産税・敷金の返還金などは、受託者が払いますか？

それが原則ですが、すでに親の口座引き落としになっている定期的な支払いのものは、変更をしなくてもいいかもしれません。ただ、**敷金の返還や修繕費など賃貸管理に必要なお金は受託者に託しておく**のがベターです

※ 信託不動産に関する損害保険の変更手続きに注意！

　保険金支払い事由が発生しても保険金が支払われないトラブルを避けるために、損害保険会社には、信託登記後の不動産登記事項証明書を提出して、信託に伴い保険契約者の変更等の手続きが必要かどうかを問い合せすべき。
　登記簿上の所有者が変更されたので手続きが必要だという保険会社と、実質的な財産の所持人は親のままなので手続きは不要とする保険会社と、家族信託に対する対応が分かれているようだ。

信託契約後の家賃の管理体制のイメージ

賃借人から直接家賃をもらっている場合(直接管理)

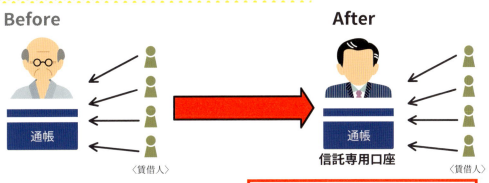

賃借人全員に振込先の変更を通知

管理会社が家賃の回収をやっている場合

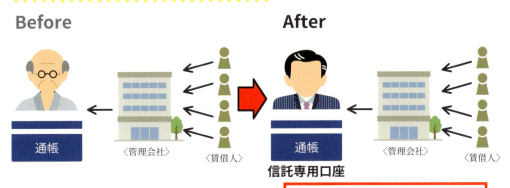

管理会社から振込んでもらう口座だけ変更すればOK

振込先変更通知のサンプル

・賃貸不動産の入居者に対して、右サンプルのようなかたちで、新しい家賃の振込先の変更依頼を通知する。
・通知後も受託者の管理用口座へ実際に家賃が振り込まれているか、確認を怠らないようにすること。

家賃の振込先変更についてのお願い

ご入居様各位

平成　年　月　日

(所有者)　　鈴木与兵衛　㊞
(受託者)　　鈴木勘太郎　㊞
　　　　TEL　××-××××-××××

拝啓　時下益々ご清栄のこととお慶び申し上げます。
平素は格別のご高配を賜り厚く御礼申し上げます。
さて、この度貴殿にご入居頂いております当物件が信託財産となり管理権限が受託者に移りました。
つきましては、誠に勝手ながら、本年●月分以降の家賃の振込先を下記の通り変更させて頂きます。
ご入居者の皆様にはご迷惑をおかけ致しますが、何卒ご理解とご対応の程よろしくお願い申し上げます。
なお、本件に関するご質問やご不明な点、賃貸借契約に関するご連絡・ご要望等ございましたら、
今後は、上記受託者宛にご連絡下さいませ。

敬具

7 受託者が借金して賃貸物件を建設
～老親に代わり子主導による相続税対策の実行～

勘太郎さんがお父さんから信託契約で土地と現金を託されたとします。相続税対策と資産の有効活用として賃貸アパートを建てたい、でも建築資金が足りない場合、どうしますか？

お金が足りないなら……銀行から借金して建てる、かなぁ

そうですね。受託者の勘太郎さんは、信託財産である土地の上に信託財産となる建物を建てることができ、そのための資金を借入れることもできます

息子がワシに代わって借入れまでしてくれるのか？

もちろん与兵衛さんが信託契約で勘太郎さんにその権限を託す前提ですが

この場合、誰の借金になるのですか？

この**借金の返済義務は、受託者**である勘太郎さんが負います。返済は、信託財産たるアパートの家賃収入から行いますが、返済できなくなったら信託財産の他、勘太郎さんの個人資産から返すことになります※

受託者として借入れするなら、その覚悟が必要ですね。ところで、受託者として借金してアパートを建てるメリットはあるのでしょうか？

受託者が借入れして建てたアパートは信託財産となり、実質的に与兵衛さんの財産です。そして、そのための借入債務も実質的に与兵衛さんのものになります

つまり、父が亡くなった際には相続税の計算でマイナス資産として扱える、いわゆる**「債務控除」ができる**訳ですね

※ **受託者の「無限責任」**

　受託者が受益者の借金として借入れをして返しきれなくなった場合、返済義務は受託者個人にまで及ぶ。受託者は債権者に対して「無限責任」を負う。

借金をして建物建設することによる相続税対策

①現金1億円を相続する場合

1億円
に対して相続税課税！

②時価1億円の更地を相続する場合

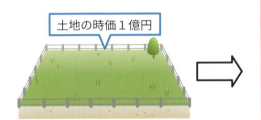

〈土地の時価〉　　　　　　　　　1億円
〈土地の相続税評価額〉　1億円×80%　約8000万円

8000万円
に対して相続税課税！

※相続税評価は時価のおよそ80%程度

③上記②の土地に借金して建物を建てて相続する場合

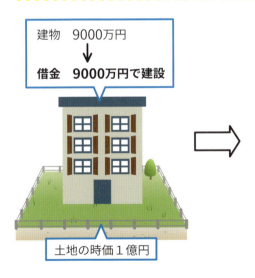

〈土地の時価〉　1億円
〈相続税評価額〉　1億円×80%×**80%**（貸家建付地評価）
= **6400万円**

〈建物の時価〉　9000万円
〈相続税評価額〉　9000万円×60%×**70%**（借家権割合）
= **3780万円**

〈借金〉　▲9000万円

1180万円
に対して相続税課税！

※アパート・貸家の敷地評価は、「貸家建付地」として更地（自用地）の80%程度になる
※アパートは、建築費用の約60〜70%が固定資産税評価額になる。さらにその評価額から借家権割合（全国一律30%）を減額する

8 受託者が先に亡くなるリスクを考える
～法人を受託者とする長期的な財産管理～

もし父より先に僕が死んじゃったらどうなりますか？

受託者が死んだだけでは信託契約は終わりません。実務上は、「**第2受託者」をあらかじめ契約書に記載**して、もしものときに備えておきます

他にも、受託者が先に倒れる事態に備えた対策はありますか？

受託者を法人にして管理を託すという選択肢もあります。そうすると受託者死亡時のリスク、具体的には受託者名義の信託専用口座の凍結などを回避できます。何十年に及ぶ財産管理の永続性・安定性の確保が見込めます

「法人」っていうのは、具体的にどんな法人がよいのでしょう？

家族で一般社団法人を立ち上げるケースは多いです。一方で既存の資産管理会社たる株式会社や有限会社の定款を変更し、「民事信託の引き受け」を事業目的に加えて対応する会社もあります

ほいじゃ、受託者を法人にするデメリットはあるのじゃろうか？

右頁にメリットとデメリットをまとめました。家族構成やその関係性、想定する信託期間などを踏まえ、総合的に判断すべきです

安易に法人を受託者にすると、あとで苦労することもあり得るのですね

法人を受託者とすることのメリット・デメリット

メリット

①長期的に受託者を確保

受託者の死亡による交代がないため、**長期的な信託には効果的**

 → 死亡や判断能力喪失のリスク

②預金口座の凍結リスクがない

個人が受託者の場合、死亡や理解力の喪失により預金の凍結リスクがあるが、法人は代表者が死亡等しても新しい代表者が口座を引き継げるので**口座凍結しない**

 → **不変。死亡しない。口座凍結しない**

✕ デメリット

①法人税申告等の手間とコスト

・赤字決算でも法人住民税の均等割の納税額が発生する
・法人税の申告、税理士への報酬などの手間とコストがかかる

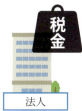
・法人税発生
・申告の手間
・税理士報酬の負担

②合議制ゆえの意思決定の遅さ

構成員の合議制で判断をするので、個人に比べて意思決定に時間がかかる。また法人を構成する家族内で経営方針が割れれば、法人運営の現場で"争族"が発生しかねない

・権限集約
・即決可能で機動力がある

③構成員の承継の問題

株主や社員などの構成員は、死亡等で入れ替わるので、その場合の新たな構成員となるためのルール作りが難しい場合がある

法人は長期的には構成員が入れ替わる

デメリットを考慮すると、安易に法人を受託者にすべきではない！

9 中小企業の経営に家族信託を活用
~株式信託を活かしたリスク対策と事業承継~

これまで不動産が家族信託の中心でしたが、不動産を中小企業の株式、いわゆる自社株に置き換えて考えると、実は会社経営に大きな効果がでます

 株式を信託財産として子に託すということじゃな。どんな効果じゃ？

会社の後継者たる子を受託者として託すと、大株主である親が倒れたり認知症になっても、株主総会で受託者が親に代わり議決権を行使できます

 親が議決権を行使できないと、どんな不都合が生じますか？

大株主が議決権を行使できない状態になると、そもそも株主総会が開催できなくなります。そうなると決算承認や役員の改選等もできません

 それじゃぁ、会社の経営がストップしてしまいますね

親が元気なうちは自分で経営をし、認知症等になったときには後継者の子が経営を引き継げるように、指図権※を活用して**会社経営における認知症対策**ができます。また、もうひとつ全く別の目的で株式信託が使えます

 株式の生前贈与と事業承継に関係がありますか？

鋭いですね。**株を後継者に生前贈与しても経営権は手元に残しておきたい**と考える親は多いですが、この場合『**自己信託**』が効果的です。これにより、経営権は親、株の財産的価値は生前に子に渡すという分離が可能です

※ 指図権とは

「指図権」とは株主総会における各議案の賛否について受託者に指示する権限をいう。本来株主総会では株式信託の受託者が株主としての議決権を行使するが、その議決権を行使する権限を持つことで信託契約後も指図権者（主として委託者たる親）が経営権を握ることができる。

株式信託の活用パターン2種のイメージ

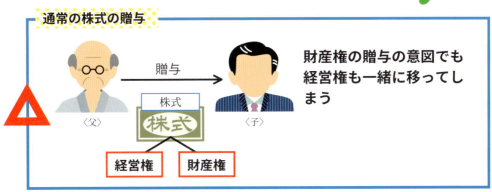

通常の株式の贈与
財産権の贈与の意図でも経営権も一緒に移ってしまう

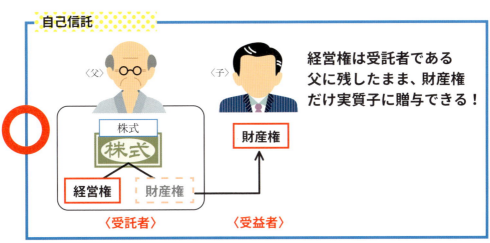

自己信託
経営権は受託者である父に残したまま、財産権だけ実質子に贈与できる！

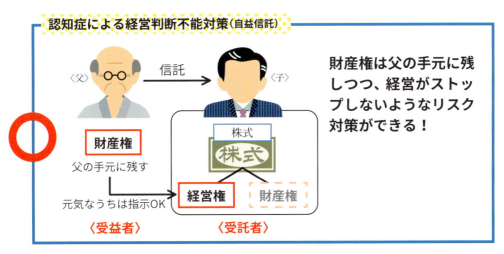

認知症による経営判断不能対策（自益信託）
財産権は父の手元に残しつつ、経営がストップしないようなリスク対策ができる！

ニーズに応じて使い分けること！

自己信託	親が経営権を維持しつつ、財産的価値だけ先行して子へ移譲できる	〈委託者＝受託者〉
自益信託	親が株の財産的価値を保持しつつ、有事には子が経営権を行使できる	〈委託者＝受益者〉

10 家族信託の導入費用を考える
～専門家報酬も含めた総費用は高いのか？～

 実際に家族信託を導入するには、どのくらいの費用がかかるのじゃ？

 家族信託のコストを考える際には、2段階に分けます。第1段階は信託契約の締結までの工程。"家族会議"を開いて本人と家族の"想い"を擦り合わせ、皆が希望・納得する形を設計するという中核的部分です

 素人同士の家族の話し合いじゃ不安だわ。専門家の力を借りないと……

 家族会議に同席し、**遺言や任意後見、贈与等も絡めた解決策を提案・実行する業務**が専門家が行っている「**家族信託の設計コンサルティング**」です

 個々の家族の事情に適した家族信託の仕組みを設計し、契約締結に至るまでの専門家報酬※が第1段階のコストなんですね

 信託契約は公正証書にするのを原則としてお願いしておりますので、公証役場の手数料も第1段階のコストになります（右頁参照）

 なるほど。ほなら第2段階はなんの費用じゃ？

 信託財産に不動産がある場合は信託登記（右頁参照）の費用がかかります

 つまり家族信託の導入に必要な総費用としては、信託財産の価格にもよるけど、最低でも数十万円から多いと数百万円になる訳ですね

 はい。ただ家族信託のよいところは、信託実行後は家族が管理を担うため、**運営コストがほぼいりません**。まとまった初期コストを負担すれば、それ以後何十年・何世代と続く財産管理と資産承継の仕組みを作れるので、**長期的にみてコストは決して高くない**と考える方が多いです

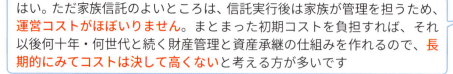

※ **専門家報酬**

「家族信託の設計コンサルティング業務」を排他独占的に行う専門業種はないため、実務に精通した司法書士・税理士・行政書士・弁護士等の法律系士業を中心に周辺専門業種（保険・不動産・金融・介護など）とチームを組んで取り組むのが一般的。

第1段階の費用

①専門家報酬（家族信託の設計コンサルティング報酬）の報酬基準表〈例〉

信託契約で管理を託す財産の評価額、不動産なら固定資産税評価額をもとに算出。この報酬をコンサルティングに関わる専門家（法務・税務・不動産・フィナンシャルプランナーなど）でシェア。

〈コンサルティング報酬早見表〉

信託財産の評価額	報酬額	信託財産の評価額	報酬額
～3000万	35万（最低報酬）	1億	77万
4000万	41万	2億	102万
5000万	47万	3億	127万
6000万	53万	4億	152万
7000万	59万	5億	177万
8000万	65万	6億	202万
9000万	71万	7億	227万
		8億	252万
		9億	277万
		10億	302万

②信託契約公正証書を作成する実費（公証役場の手数料）

この手数料も、上記①と同じ考え方に基づき所定の手数料を算定するので、5000万円程度なら4～5万円、1億円程度なら6～8万円程度となる（※詳しくは第3章3）

第2段階の費用

※不動産がない場合は第1段階のみの費用で収まる

①信託登記の費用（登録免許税等）

信託の設定に伴う「所有権移転及び信託」の登記は、土地は固定資産税評価額の0.3％（軽減税率適用中）、建物は固定資産税評価額の0.4％

②信託登記に関する司法書士への登記手続き報酬

報酬の自由化により各司法書士事務所により報酬は異なるが、そもそも信託登記を担える司法書士は多くない。なお、信託登記は売買や相続の登記に比べ精査・登記すべき分量が多いので、通常の所有権移転登記より報酬が高くなるのが一般的

大雑把な御見積概算額のイメージとして、不動産を信託財産に入れた場合の第1・第2段階を含めた総費用は、

その固定資産税評価額の約1.2～2％

第2章のまとめ

1 家族信託を導入すること自体、直接的な税務的メリットはない反面、贈与税・不動産取得税など新たな税金が発生することもないので、**導入前と後の税務の取扱いはほぼ変わらない**。

2 不動産を信託財産として託した場合、登記簿には受託者の住所氏名が"形式的な所有者"として記載される。これにより、**受託者があたかも所有者かのように貸したり・売ったりできる**効果がある。

3 受託者は、信託財産としての親のお金と自分のお金とを分けて管理しないといけないので、**新規で受託者個人名義の口座**を作って、その専用口座で管理するのが無難。

4 家族信託にかかるコストは、ほぼ導入時にかかる初期費用だけなので、**長期的にみれば実は経済的**。

第3章

家族信託を活用しよう

1 家族信託の活用チェックリスト
～こんなケースに当てはまれば家族信託が効果的～

勘太郎:　どんな場合に家族信託を使うべきか簡単に確認できるものはありますか？

みやた先生:　はい。右頁のチェックリストに当てはまる状況であれば、間違いなく「家族信託」が**取り得る選択肢のひとつ**になります

では、当てはまる項目が１つでもあったらどうしたらいいですか？

法律の専門家でも信託法や実務を勉強をしていないと取り扱えない分野になりますので、必ず**家族信託に精通した専門家に相談すべき**ですね

桜子:　先生みたいな法律の専門家でないと相談にのれないのですか？

いいえ。法律専門家でなくても、家族信託についてきちんと学んでいる方であれば相談窓口になることができます。最近では、不動産屋さんや保険関係の方も家族信託を学ぶ方が増えてきましたよ

専門家に相談する上で注意すべきことはありますか？

やはり実務経験は必要でしょう。また、なにが心配か？　なにを実現したいか？　という本人と家族の希望や"想い"をきちんと聞いてくれて、それを実現する手段を比較・検討できる専門家かどうかを見極めたいですね

与兵衛:　こんな画期的な仕組みなら周囲にも教えてやりたいのぅ

ぜひご家族や友人知人の方々にも右頁を見せて、親の将来について考えるきっかけにし、家族会議で話し会う機会を持ってほしいですね

①認知症対策・相続（争族）対策

No.	本人及び家族の想い・要望	参考ページ
①-1	□ 親が認知症発症後も、経済的・精神的負担の多い成年後見制度を使わずに財産管理を遂行したい	24
①-2	□ 親が認知症発症後も、資産の有効活用・処分・組換え等の相続税対策を完遂したい（例：遊休不動産の売却、買換え、アパート建設、賃貸マンションの購入、借地の買取など）	74
①-3	□ 近い将来不動産を売却したいが、売主の健康状態に左右されずに売却手続を確実に完遂したい（所有者たる老親が認知症になっても自宅等の不動産を後見人を立てずにスムーズに売りたい）	88
①-4	□ 親の存命中に、推定相続人全員で将来の遺産分割内容を円満に確定しておきたい	90
①-5	□ 遺産を渡したくない相続人から将来の相続発生時に遺留分請求を受けて不動産持分を取られるのを回避したい	―

②何段階にも資産の承継者を指定したい（数次相続対策）

No.	本人及び家族の想い・要望	参考ページ
②-1	□ 長男夫婦に子がいないので、長男に遺した遺産が将来長男の嫁の親族に流失するのを避けたい	76
②-2	□ 認知症の配偶者に財産を遺したいが、その遺産の管理と妻亡き後の資産の承継先も指定したい	78
②-3	□ 自分が死んだら後妻に遺産を遺したいが、後妻亡き後は、前妻の子に財産を渡したい（遺産の相続分が減ることを理由に子が親の熟年再婚に反対しているが、再婚相手〈後妻〉に遺した遺産は最終的に先妻の子に戻すことで再婚を納得・祝福してほしい）	27
②-4	□ 親亡き後に遺される障害を持つ子の財産管理とその先の資産承継に備えたい	92

③不動産に関わるトラブル回避策・節税策

No.	本人及び家族の想い・要望	参考ページ
③-1	□ 相続により不動産が共有になるのを避けつつも、複数の子に平等に遺産や収益を渡したい	80
③-2	□ すでに共有となっている不動産が、将来的に有効活用や処分ができなくなるリスクを回避したい	82
③-3	□ 節税対策で収益ビルを同族会社に売却したいが、登録免許税・不動産取得税の負担を軽減したい	―

④事業承継対策

No.	本人及び家族の想い・要望	参考ページ
④-1	□ 中小企業の大株主たる親が認知症等になり経営判断・総会決議ができなくなるのを回避したい	84
④-2	□ 生前贈与で後継者たる子に自社株を渡したいが、経営権はまだ自分の手元に置いておきたい	86
④-3	□ 会社経営の後継者たる長男が独身なので、社長である自分が長男亡き後の後継者まで指定したい	―
④-4	□ 親族に分散した自社株を取りまとめて、経営の安定化を図りたい	―
④-5	□ 後継者でない相続人から遺留分請求を受けて自社株が分散するのを回避したい	―

第3章 家族信託を活用しよう

2 家族信託導入までのスケジュール
～緊急性があるか？ じっくり検討すべきか？～

いざ専門家に相談する場合、家族信託を導入するまでになにをして、どのくらい時間がかかるか、全体の流れを知りたいです

右頁のとおり、通常は信託契約公正証書作成まで**最短でも1カ月半程度**かかりますが、緊急性のあるケースでは公正証書にしない代わりに1～2週間で導入するような対応も可能です

ウメ
スケジュールの中で、家族会議の部分がとても大きいわね

はい。**本人だけでなく家族の"想い"も聞いて、それを実現するために家族信託、遺言、生前贈与等の手段を組み合わせて設計**することが重要です

"家族会議"には、先生も同席してくれるのですか？

家族間で、家族信託の仕組みに対する同程度の理解や家族それぞれの希望の共有が大切です。本人と家族の"想い"をしっかり理解しないと、家族信託等の設計ができませんので、原則同席させて頂きます

そりゃぁ、先生も大変じゃのぅ……

1年以上かけてじっくり検討するケースもあり、**家族の構成や状況、財産内容等によって1つ1つ設計が異なる**面白さとやりがいのある仕事ですよ

家族信託の検討時にご用意してほしい資料

・信託財産に関する資料
　①不動産の登記事項証明書（いわゆる"登記簿謄本"）
　②固定資産税課税明細書（又は名寄帳や固定資産評価証明書）
　③公図・地積測量図
　④（自社株がある場合）会社の定款・会社謄本・株主名簿
・契約当事者に関する資料
　⑤親（委託者）の現戸籍謄本・住民票・印鑑証明書・身分証のコピー
　⑥子（受託者）の現戸籍謄本・住民票・印鑑証明書・身分証のコピー

家族信託導入までの作業イメージ

【第1段階】 信託契約公正証書等の作成まで

相談者とのお打合せ・必要な情報のヒアリング

【必須の情報】 ①保有資産の概要
②家族の関係性（親族関係・円満度・住所地・家族会議開催の可否）
③本人（親・所有者）及び家族の"想い"

ご相談の目的は・・・

- 老後の財産管理
- 円滑な財産処分
- 相続税対策
- 親亡き後問題対策
- 円満な資産承継
- 不動産の共有対策

家族会議を開催（原則）

希望を実現するために取り得る選択肢の比較検討
▶ 家族信託の基礎知識など家族全員の均一かつ正しい理解に向けた説明
▶ メリット・問題点・リスクなどの抽出
▶ 家族信託がベター・ベストな選択肢か？

> 遺す側（親）と継ぐ側（子）の両者の"想い"の方向性を合わせる作業

〈専門家〉

家族信託・遺言・任意後見等のプラン設計

家族信託契約書・遺言書などの文案作成・修正協議
▶ 文案の読み合わせ・各条項の解説
▶ 文案が確定したら公正証書化に向けた準備
　（公証役場に文案・資料を提供）
▶ 公証役場に見積依頼・日時予約

依頼開始から信託実行まで1カ月半～

信託契約公正証書・遺言公正証書等の作成当日 ← 公証役場 or 公証人の出張

同時に登記関係書類への調印・登記申請に関する本人確認手続き

【第2段階】 信託契約に基づく不動産登記手続き

信託財産として管理を託した不動産については、管理権限を持つもの（＝受託者）の住所氏名を登記簿に記載する手続き、いわゆる"信託登記"をします

第3章 家族信託を活用しよう

3 信託契約を公正証書で作成する
~公証役場で作成するまでの手順~

 今までに何度か出てきた公正証書とは、どういう文書じゃ？

 公正証書は、公証役場の公証人が権限に基づいて作成した公文書のことです

 遺言を公証役場で作った話は、近所でもたまに聞きますね

 信託契約書は公正証書でないとダメなのですか？

 公正証書でないものを「私文書」と言いますが、私文書でも法律上有効です。でも、契約日が正確か、本人が本当に署名したか、本人がちゃんと理解して契約したか等、後々のトラブルになりかねません

 たしか、公正証書なら失くしても再発行可能ですよね？

 はい。公証人による本人の意思確認がなされますし、再発行可能、偽造変造防止、といった観点からも**公正証書での作成を原則**としています

 なるほど。では直接公証役場に信託契約の相談をすることはできないのか？

 公証人が家族会議に何度も同席することは現実的に無理です。やはり家族信託や遺言・成年後見等に精通した専門家のサポートが不可欠でしょう

 公証役場では、信託契約だけ公正証書にするのですか？

 実際は**信託契約のついでに遺言や任意後見契約も作成する方も多い**です

 なるほど。父と俺と先生とで公証役場に行き、まとめて手続きする訳だね

公証役場での公正証書作成までの流れ

1. 信託契約書案が確定した段階で下記のものを公証役場に提出
   - ○信託契約書案
   - ○契約当事者に関する戸籍謄本・印鑑証明書
   - ○信託財産に関する資料
   （不動産の場合は登記簿謄本や課税明細書）

通常2週間前後かかる

2. 公正証書の体裁に整えた文案を公証役場からもらう

3. 家族会議の中で修正・最終確認

4. 予約していた日時で公正証書作成

文案確定から2〜4週間かかる

公証役場又は自宅・入院先・入所先において委託者・受託者・司法書士※が同席し作成する

※信託登記をする司法書士が登記手続きの依頼の前提として契約に立会い、本人確認をします

公正証書作成の基本手数料

目的の価額	手数料
1000万円を超え3000万円以下	23000円
3000万円を超え5000万円以下	29000円
5000万円を超え1億円以下	43000円
1億円を超え3億円以下	43000円に5000万円ごとに13000円を加算
3億円を超え5億円以下	95000円に5000万円ごとに11000円を加算

〈公正証書作成時の同席者イメージ〉

証書の枚数による手数料の加算
法律行為に係る証書の作成についての手数料については、証書の枚数が法務省令で定める枚数の計算方法により4枚（法務省令で定める横書の証書にあっては、3枚）を超えるときは、超える1枚ごとに250円が加算されます。（手数料令25条）

4 信託契約後にすべきこと
～契約したら終わりではなく、そこからが始まり～

信託契約公正証書まで作成できれば、ワシはどうなっても安心じゃな！

実は、信託契約後もいくつかやっておくべきことがあります

孝二郎
P.53で、賃貸不動産を信託したら、家賃の振込先変更通知を賃借人に出すという話がありましたね

そうです。信託契約後は、それ以外にも右頁のような作業があります

特に気をつけるべきことはありますか？

信託契約書があっても**与兵衛さんの預金を勘太郎さんがおろせる訳ではない**ので、きちんと勘太郎さんが管理する口座へ現金の移動が不可欠です

なるほど。公証役場だけでなく銀行にも行かねばならんのじゃな

また信託開始後の信託財産に関する契約等は、全て勘太郎さんが**「委託者 田中与兵衛 受託者」という肩書付で契約**をすることも忘れないで下さい

確かにゴールではなくスタートですね。身が引き締まる思いです

信託契約期間を通してなにかあれば各分野の専門家がすぐにサポートする体制を作りますので、与兵衛さんも勘太郎さんも安心して家族信託をスタートさせてほしいですね

家族信託を組んだあとのTo Doリスト

信託開始直後

☐ 信託専用口座への現金の移動

☐ 金融機関で「信託口口座」作成　※対応できる金融機関はまだ少ない

☐ 建物の火災保険・地震保険等の契約者変更　※変更が必要かは保険会社による

☐ 不動産管理会社への連絡または賃借人への振込先変更通知発送

☐ 公共料金や固定資産税、入所費用等の引落口座の変更
　※受託者による一元管理のため信託専用口座を引落口座に設定することも検討

☐ 株主名簿の書換え（株式譲渡承認の決議も必要）

☐【税務】税務署へ調書の提出　※「委託者＝受益者」の場合は、信託開始時には届出不要

信託契約期間中

☐ 金銭の追加信託への対応

☐ 契約内容の見直し

☐ 受益者変更時（受益者の死亡、受益権の贈与・売買）の処理
　※信託不動産の登記簿における信託目録の変更登記が必要

☐【税務】毎年1月31日までに税務署へ、昨年分の「信託計算書」「計算書合計表」の提出

☐【税務】毎年の確定申告時に信託財産に関する明細書を作成

信託契約終了時

☐ 信託の清算　※未払債務および諸経費の支払い、未収債権の回収など

☐ 残余財産帰属者への給付・引渡し　※ローンが残っている場合は、金融機関の処理が
　　　　　　　　　　　　　　　　　　　　　　済んでから引渡し

☐【税務】税務署へ調書の提出　※「終了直前の受益者＝残余財産の帰属権利者」の場合等は、
　　　　　　　　　　　　　　　　　届出不要

第3章　家族信託を活用しよう

第3章のまとめ

1　なにを実現したいのか、将来なにが困るのか、そのためになにをすべきかを第3章1のチェックリストでまず確認してから専門家に相談する。専門家に相談しないで自分で信託契約を作ることは、医師の診察を経ずに新薬を服薬するようなもので、やるべきではない。

2　家族の要望や想いを適切に信託契約へ落とし込むには、家族の理解と家族会議による充分な話し合いが不可欠なので、家族信託の検討・設計・契約締結に要する期間は、1カ月半程度から、長い場合は半年以上。

3　信託契約は、後日のトラブルリスクを考えれば、多少費用がかかっても**公正証書にするのがベスト。遺言や任意後見等も同じタイミングで作成**するのがお勧め。

4　信託契約公正証書の作成は、ゴールではなく、全てのスタート。契約締結で安心せずに、信託財産として託す現金がある場合は、契約後速やかに老親（委託者）本人が金融機関で払い戻すか、受託者の信託専用口座に送金をする。

第4章

事例集——
それぞれの家族信託

事例1 認知症による資産凍結を回避しつつ相続税対策を完遂したい

都市農家のX（83）は、先代から更地や貸宅地、アパートなどを承継している。自分の死亡時にかかる相続税を試算したところ数億円規模の納税額となることが判明。急遽、自分が元気な間に対策をし、相続税額を圧縮したいと考えている。

Xの推定相続人は、同居する長男A（56）、他県に暮らす長女B（53）、海外に暮らす二女C（50）の3人（全員既婚で子どももいる）。代々引き継いでいる不動産については、長男Aを承継者とすることに家族・親族全員が納得済み。

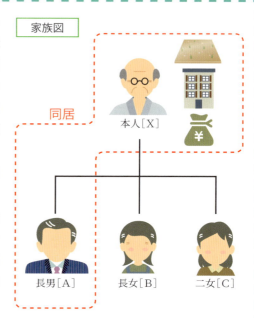

家族図

問題やリスク

① 現状のままでは、X死後の相続税が高額

② Xが認知症などで（明確な）意思表示不可能・判断能力の喪失となった場合の資産凍結リスク

③ Xの死後、遺産分割協議や遺産整理手続きが難航するリスク

問題やリスクに対する願望

① 相続税対策をして、税額を圧縮したい

② 相続発生のギリギリまで、資産の有効活用と相続税対策をしたい

③ 円満円滑な資産承継の道筋を作りたい

本書との連動型WEBサイト「遺言・相続オフィス」に本事案の更なる詳細な解説があります！！

ホームページURL http://信託事例.jp/1

解決策！

①信託契約を締結して、長男Aが資産を管理・運用する

Xと長男Aとの間で信託契約を締結し、Xが所有している不動産とまとまった現金（「信託財産」と呼ぶ）の管理・処分・有効活用を長男Aに託す。

➡ 信託契約後は、長男AがXのために財産管理を行うため、資産凍結リスクを回避した上で、長男A主導で資産の組換え・活用ができる ——— **問題①②を解決**

②信託財産以外の資産承継は遺言で網羅

Xが死亡した時点で信託を終了させ、その時点で残った信託財産を長男Aに渡す旨を契約の中で規定し、資産承継をスムーズにする ——— **問題③を解決**

公証役場で信託契約公正証書を作る際、信託財産以外の資産（金融資産等）については長女Bと二女Cに相続させる旨の遺言公正証書も同時に作成することで、遺留分の問題も解決し、遺産争いを防ぐ ——— **問題③を解決**

〈信託設計イメージ〉

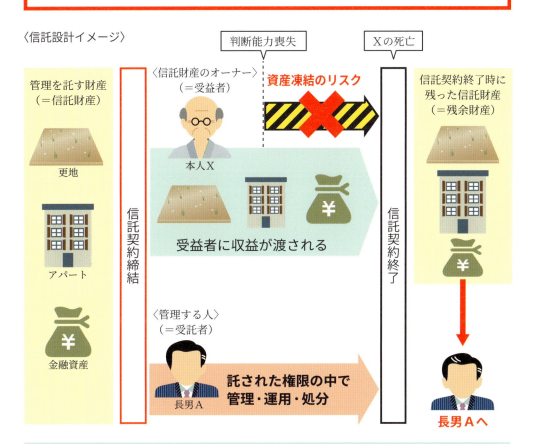

〈信託設計の概要〉

▷委託者兼受益者：**X**
▷受託者：**長男A**
▷信託監督人：**司法書士Z**
▷信託財産：**所有不動産全て及び現金**
▷信託期間：**Xが死亡するまで**
▷残余財産の帰属先：**長男A**

事例 2 子のいない夫婦を経由しつつ財産を孫に渡したい

地主のX（88）は、アパートや貸家、駐車場などを所有している。Xの推定相続人は、既婚だが子のいない長男A（63）と既婚で子がいる二男B（60）の2人。

Xは自分が死んだら、同居する長男Aに大半の不動産を承継させたいと希望。加えて、長男Aの妻Yが働き者でいつも世話をしてくれているので、長男Aの死後は、遺される妻Yが困らないようにしたいと考えている。

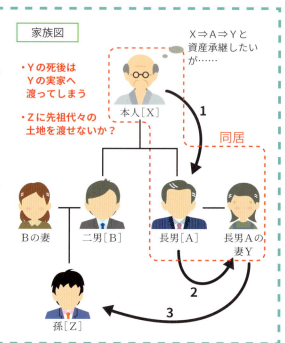

家族図

- Yの死後はYの実家へ渡ってしまう
- Zに先祖代々の土地を渡せないか？

X⇒A⇒Yと資産承継したいが……

本人[X] / 同居 / Bの妻 / 二男[B] / 長男[A] / 長男Aの妻Y / 孫[Z]

問題やリスク

子のいない長男に大半の不動産を遺すと、X、長男A、妻Yの順番で相続が発生したときに、妻Yに渡ったX家の不動産は、妻Yの死亡時に妻Yの実家側（妻Yの親や兄弟など）に流出してしまう

問題やリスクに対する願望

長男Aに先祖からの不動産を遺すことに加え、誠実な妻Yの生涯の生活が困らないようにしたいが、同時に、亡くなる順番を問わず、先祖代々の資産を他家へ流出させず、Xの家系である孫Zに確実に引き継がせたい

本書との連動型WEBサイト**「遺言・相続オフィス」**に本事案の更なる詳細な解説があります！！

ホームページURL **http://信託事例.jp/2**

解決策！

①信託契約により世代を超えた長期的な財産管理を実現

Xは、長男Aと信託契約を結び、主要な不動産を信託財産として、Xの元気なうちから不動産の管理・活用を長男Aに託す。X死亡後も信託契約は終了させず、長男Aが第2受益者として信託財産を承継すると同時に、受託者の地位を孫Zに引き継がせることで、親と子の生涯にわたる財産管理を1つの契約でまかなうことができる。

②受益者連続型信託で、親本人が望む資産承継を実現

「X→長男A→妻Y→孫Z」という、Xが望む家産の承継の流れを確実なものにすると同時に、孫をも巻き込んで、他家に財産を流失させずに一族で守り抜く仕組みを構築できる ⇒ 問題を解決

〈信託設計イメージ〉

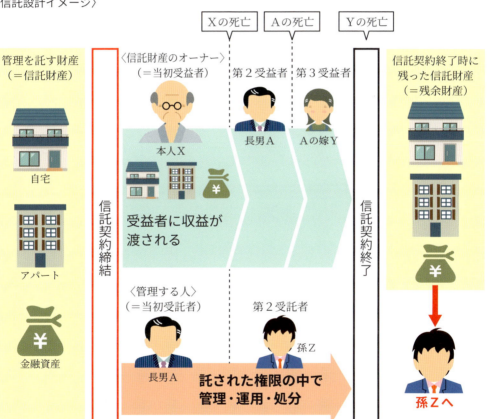

〈信託設計の概要〉

▷委託者：**X**
▷受益者：①**X**　②**長男A**　③**長男の嫁Y**
▷受託者：①**長男A**（Xが亡くなるまで）　②**孫Z**（Xの死後）
▷信託監督人：**司法書士甲**
▷信託財産：**所有不動産全て及び現金**
▷信託期間：**X、長男A、嫁Y全員の死亡時まで**
▷残余財産の帰属先：**孫Z**

事例3 認知症の妻に財産を遺しつつ次の承継者も定めたい

X（80）は、2世帯住宅で長男A家族と暮らしている。重度の認知症になった妻Y（74）は老人ホームに入所中。Xの推定相続人は、妻Y、長男A（50）、長女B（48）、二男C（45）の4人である。

Xの資産は自宅と賃貸アパート、預貯金だが、自分が最初に亡くなったら、妻Yの介護費用に充てるため、全ての財産を妻Yに相続させたいと考えている。

また、妻Yの死後は、同居している長男Aに自宅を遺し、地方に嫁いだ長女Bには預貯金等の金融資産を、二男Cには賃貸アパートを遺したいと考えているが、財産評価額が均等ではない。

なお、妻Yは自分ではなにもできないので、妻Yが生きている間の管理や、妻Yの死後の遺産分割で無用な争いが生じないかをXは心配している。

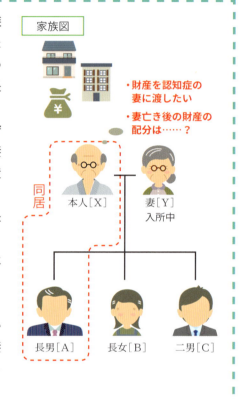

家族図
- 財産を認知症の妻に渡したい
- 妻亡き後の財産の配分は……？

同居：本人[X]／妻[Y] 入所中／長男[A]／長女[B]／二男[C]

問題やリスク

① 認知症の妻Yは、遺産を相続しても自分で管理ができない

② もはや遺言の書けない妻Yの死後に、遺産分割が難航する恐れがある

問題やリスクに対する願望

① Xの死後、認知症の妻Yへの財産承継とその後の財産管理を万全にしたい

② 妻Yの死後、家族間で"争族"が起きないようにしたい

本書との連動型WEBサイト**「遺言・相続オフィス」**に本事案の更なる詳細な解説があります！！

ホームページURL **http://信託事例.jp/3**

> 解決策！

①成年後見制度の代用としての財産管理

Xは、自宅や賃貸アパート、現金を信託財産とし、長男Aに管理・処分を任せる旨の信託契約を締結することで、Xの老後の財産管理に加え、X亡き後第2受益者となる妻Yの財産管理を継続的に担うことができる。これにより、実質的に成年後見人による財産管理の機能を果たすことができる ──→ **問題①を解決**

②遺言の書けない妻に代わり、妻亡き後の遺産分割を指定

X及び妻Yが死亡したら信託契約を終了させ、その時点で残っていた財産のうち、自宅は長男A、金融資産は長女B、賃貸アパートは二男Cに承継させる旨を信託契約の中で定めておくことができる。これにより、遺言の書けない妻Yに遺産を遺すリスクを解消し、子同士が遺産を巡るトラブルを予防する ──→ **問題②を解決**

〈信託設計イメージ〉

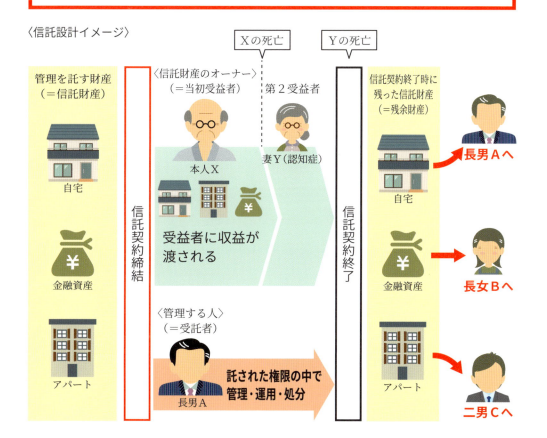

〈信託設計の概要〉

▷委託者：**X**
▷受託者：**長男A**
▷受益者：**①X ②妻Y**
▷信託財産：**自宅・アパート・現金**
▷信託期間：**X及び妻Yの死亡まで**
▷残余財産の帰属先：・**自宅は長男A**
　　　　　　　　　・**金融資産は長女B**
　　　　　　　　　・**賃貸アパートは二男C**

事例 4 唯一の不動産を平等相続させつつ将来のスムーズな売却にも備えたい

X（75）は5階建てマンション1棟を所有し、その最上階に1人で住んでいる。将来は、長男A（48）・二男B（45）・三男C（42）の3人に平等に相続させたいと考えているが、子どものうち誰か1人に当該不動産を単独相続させると、それに見合うだけの代償資産（現預金、有価証券、生命保険等）がない。

Xは、マンションを売却せずに子に渡すことを希望している。

Xは、マンションの管理を長男Aの家族に任せるつもりだが、約15年後には、老朽化に伴う建替え等の問題が出てくる見込みである。

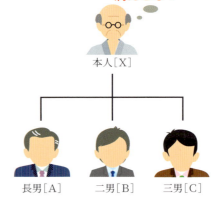

家族図
〈5階建てマンション〉

- 子ども3人に平等に相続したい
- 他に代償資産がない
- Xは、マンション売却したくない
- いずれ老朽化の問題

どうすれば希望を満たせる？

本人[X]
長男[A]　二男[B]　三男[C]

問題やリスク

① 不動産を子に3等分で共有相続させると、孫の代には共有持分が細分化されて、管理や処分が非効率になる恐れがある

② 共有者間の方針がまとまらなければ、最悪の場合、資産が塩漬けになる恐れがある

問題やリスクに対する願望

① 平等相続の実現とともに、不動産管理は負担軽減をしつつ、円滑にしたい

② 孫の代になっても資産を塩漬けさせることなく、有効活用してほしい

本書との連動型WEBサイト「遺言・相続オフィス」に本事案の更なる詳細な解説があります！！

ホームページURL　http://信託事例.jp/4

解決策！

①目の黒いうちに賃貸経営を任せてみる

Xは、今後の賃貸管理と生活費等の金銭管理を長男Aに託す信託契約を締結し、元気なうちから、賃貸経営のノウハウの伝承を図るとともに、経済的な利益は引き続きXが受け取れる。

②賃貸は一元管理、利益は平等分配

X死亡後は、第２受益者を３兄弟に指定しておくことで、管理は受託者たる長男Aに一元化しつつ、賃貸収入は兄弟で３等分できる。 → 問題①を解決

③共有者の人数や事情に影響を受けない財産の管理・処分

不動産の所有権を親族で持ち合うのとは異なり、将来的に長男や二男や三男が亡くなって各人の受益権持分がさらに細分化されても、直接的に賃貸経営に影響はなく、機動的な賃貸経営や場合によっては売却処分もスムーズにできる。 → 問題②を解決

〈信託設計イメージ〉

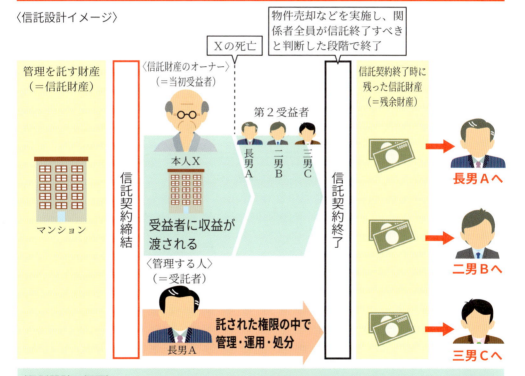

〈信託設計の概要〉
- 委託者：**X**
- 受託者：①**長男A**
- 受益者：①**X**
　　　　②**長男A・二男B・三男C**
　　　　（受益権割合は各３分の１）
- 信託監督人：**司法書士Z**
- 信託財産：**マンション一棟及びそれに関する修繕積立金や敷金相当額の現金**
- 信託期間：**受託者と受益者、信託監督人全員の合意で終了するまで**
- 残余財産の帰属先：**信託終了時の受益者**

事例 5　共有不動産を巡るトラブル防止策

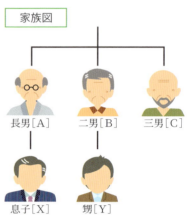

家族図

長男[A]　二男[B]　三男[C]

息子[X]　甥[Y]

〈賃貸アパートをABCで共有している〉

　長男A（84）は、亡くなった父親所有のアパート（収益物件）を、二男B（80）・三男C（78）とで3分の1ずつ共同相続した。アパートの管理は甥のY（Bの子）が行い、定期的にABCへ賃料収入の分配も行っている。

　兄弟間には、老朽化が進んできたアパートをいずれ売却して精算しようという漠然とした合意があるが、時期は未定。

　最近、長男Aの体調が悪く、物忘れもひどくなってきた。長男Aの相続人は海外に居住する一人息子Xのみであるが、二男Bや三男Cとは関係がよくない。もし不動産の共有持分3分の1を息子Xが承継すると、円満な共有関係が崩れ、二男Bと三男Cがアパートを売ろうとしても息子Xが反対するかもしれない。

　また、高齢な二男B、三男Cも持病を持っているので、長男Aだけの問題ではなく、将来的にスムーズな売却と共有者3人の認知症や大病、相続発生による売却手続きの頓挫も兄弟間で懸案事項となってきた。

問題やリスク

① 息子Xが将来不動産の共有持分を相続すると、円満な共有関係が崩れ賃貸経営や不動産処分に支障が出る恐れがある

② ABCとも高齢のため、認知症や相続発生などによる売却手続きの延期や頓挫のリスクがある

問題やリスクに対する願望

① 不動産の共有状態を実質的に解消して、将来の不動産共有リスクを回避したい

② 高齢の各共有者の認知症や相続等による資産凍結リスクを回避したい

本書との連動型WEBサイト **「遺言・相続オフィス」** に本事案の更なる詳細な解説があります!!

ホームページURL **http://信託事例.jp/5**

解決策！

①口頭で託されていた賃貸業を信託契約で明文化
ＡＢＣは、アパートの各共有持分を信託財産として、それぞれＹとの間で信託契約を交わし、Ｙにこれまでと同様にアパートの賃貸管理を託す。

②権限を集約し実質的な共有状態を解消
３本の信託契約により、賃貸アパートの管理処分権限はＹ１人に集約でき、共有者の交替等に左右されない円滑な管理と処分が実現 ──→ **問題①を解決**

③各共有者の事情に影響されない不動産売却
アパートの売却前にＡＢＣのいずれかに認知症や相続が発生しても、なんら支障なく受託者Ｙが単独で売却手続きを完遂できる ──→ **問題②を解決**

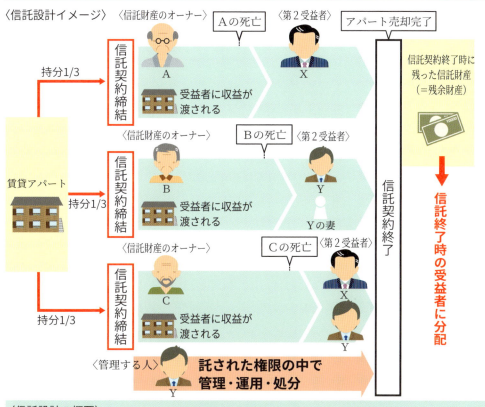

〈信託設計の概要〉

【信託契約１】
▷委託者：**長男Ａ**
▷受託者：**甥Ｙ**
▷受益者：**①長男Ａ②息子Ｘ**
▷信託財産：**アパートの持分３分の１と現金**
▷信託期間：**長男Ａの死亡かつアパート売却手続き完了まで**
▷残余財産の帰属先：**信託終了時の受益者**

【信託契約２】
▷委託者：**二男Ｂ**
▷受託者：**甥Ｙ**
▷受益者：**①二男Ｂ ②甥ＹとＹの妻**
▷信託財産：**アパートの持分３分の１と現金**
▷信託期間：**二男Ｂの死亡かつアパート売却手続き完了まで**
▷残余財産の帰属先：**信託終了時の受益者**

【信託契約３】
▷委託者：**三男Ｃ**
▷受託者：**甥Ｙ**
▷受益者：**①三男Ｃ ②息子Ｘと甥Ｙ**
▷信託財産：**アパートの持分３分の１と現金**
▷信託期間：**三男Ｃの死亡かつアパート売却手続き完了まで**
▷残余財産の帰属先：**信託終了時の受益者**

事例 6

中小企業の事業承継対策と大株主の認知症対策

　X（70）が代表取締役社長を務める乙社の株式は、7割をXが、残りの3割を兄Y（75）が保有している。

　Xは、副社長を務める長男A（40）に近々社長の座を譲る予定。株式の譲渡も、もう少し株価が下がるタイミングで実行したいと考えている。ただ、Xは持病を抱えており、もし急に倒れることがあれば、乙社の経営判断が不能となるリスクを顧問税理士から指摘されている。

　一方、兄Yは、すでに乙社役員を退任しており、将来的には株式を無償で長男Aに渡す意向である。しかし、兄Yがその前に死亡すれば、兄Yの1人息子のBが株式を引き継ぐが、Bは長男Aと不仲なので、株主として経営へ口を出されることを危惧している。

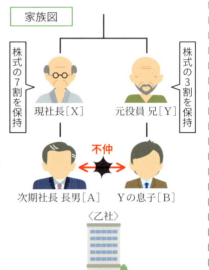

問題やリスク

① 兄Yの保有株式が不仲なBに承継されると、経営に干渉される恐れがある

② Xや兄Yの相続時に株価が高ければ、相続税の納税負担が大きくなる恐れがある

③ 大株主のXが倒れると株主総会が開催できず、決算承認や役員改選の決議ができなくなる

問題やリスクに対する願望

①② Xと兄Yの保有株式を株価が低いタイミングをみて確実かつ円滑に後継者である長男Aに渡したい

③ Xの体調に左右されない経営の安定を実現したい

本書との連動型WEBサイト **「遺言・相続オフィス」** に本事案の更なる詳細な解説があります！！

ホームページURL **http://信託事例.jp/6**

解決策！

①後継者でない株主の株式承継のリスクを回避

兄Yと長男Aの間で、乙社株式を信託財産とする信託契約を締結。数年以内の株価が低い時期に兄YからAに受益権を贈与することで、実質的に株式をAに渡すことができる。もしAに全株式を渡す前にYが亡くなっても、BにはいかずにAが引き継ぐように遺言の機能を持たせることができる　→　問題①②を解決

②経営判断不能となるリスクを回避し、円滑な事業承継を実現

Xと長男Aの間でも、乙社株式を信託財産とする信託契約を締結することにより、Xが認知症になっても長男Aが受託者として議決権を行使できるので、株主総会が開催できない事態を回避できる。併せて、上記①の信託契約と同様、Xの生前に、株価を見ながらAに実質的に株式を渡すことができる　→　問題②③を解決

〈信託設計イメージ〉

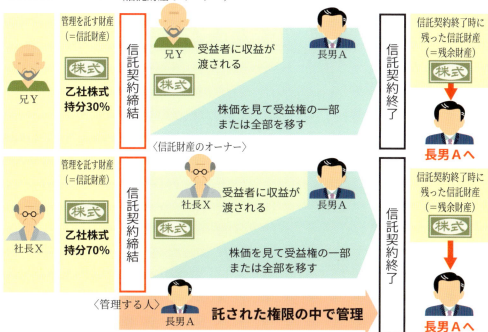

〈信託設計の概要〉

【信託契約1】
▷委託者：**兄Y**
▷受託者：**長男A**
▷受益者：**兄Y→長男A**※
▷信託期間：**受託者及び受益者の合意または兄Yの死亡**
▷残余財産の帰属先：**長男A**
　※株価を見てYの受益権を移すことを想定

【信託契約2】
▷委託者：**社長X**
▷受託者：**長男A**
▷受益者：**社長X→長男A**※
▷指図権者：**X**（Xが元気な間に限定）
▷信託期間：**受託者及び受益者の合意またはXの死亡**
▷残余財産の帰属先：**長男A**
　※株価を見てXの受益権を移すことを想定

事例 7 株式を贈与しつつ経営権を保持する事業承継対策

甲社の創業者である代表取締役X（68）は、自社株（未上場）を100％保有するオーナー社長。子どもは長男A、二男B、長女Cの3名で、後継者には甲社の専務取締役を務めている二男B（43）を考えている。今期の会社の業績は悪く、自社株の評価にほとんど値がつかない。来期以降は業績の回復が見込まれるので、株価が低い今のうちに自社株を二男Bに生前贈与しておき、将来の相続税対策と円滑な事業承継を図りたいと考えている。ただし、まだ引退するつもりはないので、代表権も経営権もXの手元に残しておきたいという希望がある。

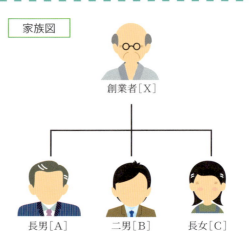

家族図

〈Xは、中小企業「甲」社のオーナー〉

- 二男Bが後継者
- 甲社の株価が安い今のうちに二男に株を贈与したい
- しかし経営権はXが保持したい

問題やリスク

贈与税が発生しない今のうちに後継者たる二男Bに株式を贈与したいが、そうすると、Xは経営権まで手放すことになってしまう

問題やリスクに対する願望

二男Bに株式を贈与しても、経営権はXが保持したい

本書との連動型WEBサイト**「遺言・相続オフィス」**に本事案の更なる詳細な解説があります！！

ホームページURL **http://信託事例.jp/7**

解決策！

①自己信託で経営権を保持

　Xは、甲社株式全てを信託財産とする「自己信託」を設定する。その内容は、受託者をX自身（委託者＝受託者）、受益者を二男Bとし、信託監督人に弁護士αをおく。

　自己信託は、実質的に、「甲社株式を二男Bに贈与するのと同時に、その株式を信託契約でXが管理を預かる」のと同じ効果がある。株式の財産的な価値は後継者の二男Bに現時点で譲りながらも、Xは受託者として引き続き甲社株の議決権を行使できるので、従来通り甲社の経営権を持ち続けることができる。　→　問題を解決

②贈与税の課税に要注意

　自己信託により、株式の財産的価値が二男Bに無償で移ったことになるので、税務上はXから受益者である二男Bに甲社株式が贈与されたものとみなされ、贈与税の課税対象となることに注意。今回は株価が低いので課税はない。

③Xの経営判断ができなくなれば信託は終了

　Xが死亡した場合、または認知症等で経営判断に支障があるとして受益者Bと信託監督人の合意があった場合、信託は終了し、残余財産たる甲社株式を確定的に後継者Bの所有権財産とすることができる。

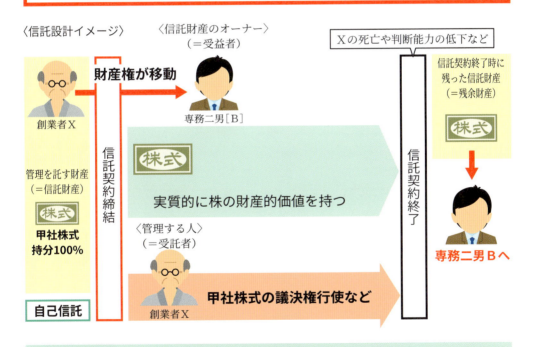

事例8 空き家となる実家の売却と売却代金の有効活用

X（75）は、1人息子Aと離れて1人暮らしをしていたが、独居生活の不安を解消すべく、先日老人ホームに入所した。

空き家になったXの自宅には息子Aが住むこともないので、毎月の施設利用料を確保するために、数年内に売却したいと考えている。しかしXは最近物忘れがみられるため、いざ家を売却する段になって認知症が進み、スムーズな売却ができないことを息子Aは心配している。

敷地の広い実家は高値で売れる見込みで、息子Aが税理士とともにXの老後の収支シミュレーションをした結果、Xが長生きしても使いきれず、相続税の納税が発生するほどの額が残る試算だった。

そこでXの了解のもと、相続税対策も兼ねた余剰資金の運用権限も息子Aがもらっておきたいと考えている。

家族図

- Xは老人ホームに入所。空き家となった自宅は、売却すると高額の金融資産となる
- Xが認知症になると、自分では家の売却が困難
- 息子Aが成年後見人となり、自宅を売却してもその後の相続税対策はできない

問題やリスク
① Xの判断能力低下で自宅売却がスムーズにできなくなる可能性がある
② 成年後見制度の利用下では資産運用や相続税対策が実行できず、将来の納税負担が大きくなる

問題やリスクに対する願望
① Xが認知症になってもスムーズな自宅売却を実現したい
② Xが亡くなるまで成年後見制度を使わずに資産の有効活用や相続税対策ができるようにしたい

本書との連動型WEBサイト **「遺言・相続オフィス」** に本事案の更なる詳細な解説があります！！

ホームページURL **http://信託事例.jp/8**

解決策!

①元気なうちに子に権限を与えておく

　Xと息子Aは、自宅を信託財産として管理処分を任せる旨の信託契約を締結する。

　受託者となるAに、信託監督人である司法書士Zの同意を得た上で自宅不動産を売却できる権限を与えておくとともに、信託監督人の同意があれば、Xの老後資金を枯渇させない程度の余剰資金で、相続税対策としての賃貸不動産の購入権限等も託しておく。こうすることで、信託契約後は、Xの判断能力が低下しても、成年後見制度を利用することなく、任意のタイミングで自宅売却ができるとともに、その後の売却代金の一部をもって相続税対策の計画を実行することが可能。 ⟶ 問題①②を解決

②もしものときも相続登記を挟まずに売却できる

　もし自宅売却が済む前にXが急死してしまった場合、通常だと息子A名義に相続登記をしてから売却することになる。家族信託を実行しておくと、Xが亡くなっても、登記簿上の名義は「受託者A」となっているので、相続登記を挟まず、そのまま受託者によるスムーズな売却が可能となる。

〈信託設計イメージ〉

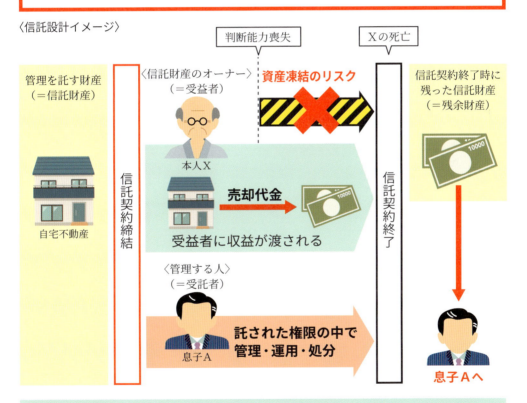

〈信託設計の概要〉
- ▷委託者：**X**
- ▷受託者：**息子A**
- ▷受益者：①**X**
- ▷信託監督人：**司法書士Z**
- ▷信託財産：**自宅不動産**
- ▷信託期間：**Xの死亡**（信託終了時に自宅が残っていたら息子Aが清算受託人として売却する）
- ▷残余財産の帰属先：**息子A**

事例 9

遺言の書き換え合戦を防ぎ
遺産分割の生前合意を有効に

X（75）は妻に先立たれ、持ち家の自宅に1人で暮らしている。

今は、近所に住む長男Aの家族が定期的に会いに来てくれるため生活に不安はないが、将来Xが認知症になった場合、在宅介護を望みつつも、長男Aの家族に負担をかけたくないため、自宅を速やかに売却して老人ホームに入居したいと考えている。

長男A・二男B・長女Cはお互いに不仲ではないが、二男Bの家族も長女Cの家族も遠方に住んでいるので、やや疎遠となっている。Xは、自分の介護や財産管理等は長男A家族に任せたい、またその分、長男Aには他の兄弟よりもXの財産を多く渡したいと考えている。二男Bも長女Cもそのことについて黙認しているが、将来揉めないようにしたい。

家族図

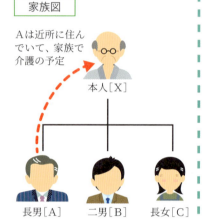

Aは近所に住んでいて、家族で介護の予定

本人[X]

長男[A]　二男[B]　長女[C]

・将来、X死亡時は、Aが多めの遺産相続をすると家族で合意

……**本当に問題ないか？**

問題やリスク

① 今は黙認している二男Bや長女Cの気が変わると、Xの介護や財産管理の方針への干渉をされ、長男AのXへのサポート体制が揺らぎかねない

② Xが遺言を書いても書き換えられる可能性があり、長男A家族の貢献度が将来の遺産分配に反映される保証がない

問題やリスクに対する願望

① Xをサポートするために必要な長男Aの権限を確保しておきたい

② 二男Bや長女Cの合意を有効な書面に残しておき、将来相続で揉めないようにしたい

本書との連動型WEBサイト**「遺言・相続オフィス」**に本事案の更なる詳細な解説があります！！

ホームページURL　http://信託事例.jp/9

解決策！

①信託契約で財産管理の権限を長男Aに集約

　Xは長男Aとの間で、自宅等を信託財産とする信託契約を締結し、自宅売却を含めたXの財産の管理・処分の権限を長男Aに集約。→ **問題①を解決**

②任意後見契約で身上監護の権限も長男Aに集約

　二男Bや長女Cから、将来長男Aの介護方針への適度な干渉を受けないように、任意後見契約も同時に締結しておく。これにより、いざというときに任意後見契約を発動させて、身上監護権も長男Aに集約させ、Xの財産管理と生活全般を長男Aがサポートできる体制を確保できる。→ **問題①を解決**

③信託における遺言の機能で安易な書き換えを防ぐ

　Xが死亡した時点で信託は終了し、信託終了時の残余財産の帰属先を長男Aに多く分配する旨を信託契約に規定する。また、Xと受託者Aと信託監督人との合意がなければ、一旦合意した遺産分配の内容を簡単には撤回できないようにする。これにより、信託契約後に遺言の書き換えがあっても、信託契約で定めた信託財産の遺産分配の指定は守られる。→ **問題②を解決**

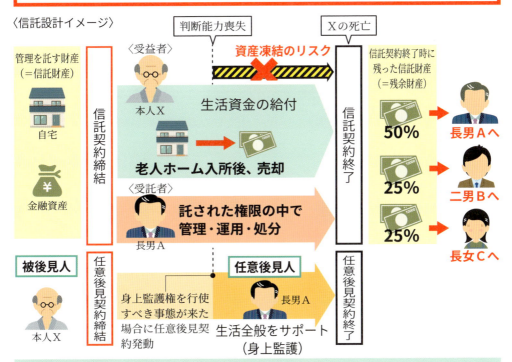

〈信託設計イメージ〉

〈信託設計の概要〉
- ▷委託者：**X**
- ▷受託者：**長男A**
- ▷受益者：**X**
- ▷信託監督人：**司法書士Z**
- ▷信託期間：**Xの死亡**
- ▷残余財産の帰属先：**全て現金化されていることを前提に長男Aに50％、二男B・長女Cに各25％**

事例10 親なき後も障害のある子を支えつつ円満な資産承継を実現したい

妻を亡くしたX（73）は、長女Bと2人暮らし。Bは統合失調症を患い自活する能力がない。長男Aは結婚をしてX家の近くに4人家族で住んでいる。二女Cは外国人と結婚して海外に永住し、今や音信不通。

Xは自宅や預貯金があるため、長女Bとの2人分の生活資金に不安はないが、自分が衰えた際や自分亡き後の長女Bが心配でならない。音信不通の二女Cに財産を遺したくない一方で、長女Bの生活費等を全面的に面倒をみてくれるならば、長男Aに全ての財産を遺すことも検討している。

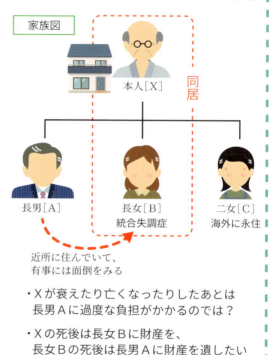

家族図

本人[X]
長男[A] 長女[B]統合失調症 二女[C]海外に永住
同居

近所に住んでいて、有事には面倒をみる

・Xが衰えたり亡くなったりしたあとは長男Aに過度な負担がかかるのでは？
・Xの死後は長女Bに財産を、長女Bの死後は長男Aに財産を遺したい

問題やリスク

① 長男Aに全ての遺産を渡しても、本当に長女Bの生涯の面倒をみてくれるかどうか保障がない

② 上記①のリスク回避のため、遺言で長女Bに遺したXの財産は、将来長女B死亡後に二女C側にも権利が発生してしまう

問題やリスクに対する願望

① 長男A家族の負担を最小限にしつつも長女Bの生涯に亘る生活を守りたい

② X及び長女Bが亡くなったあとの財産は、長男A家族に残してあげたい

本書との連動型WEBサイト**「遺言・相続オフィス」**に本事案の更なる詳細な解説があります！！

ホームページURL **http://信託事例.jp/10**

解決策！

①法定後見制度を利用して頼れる第三者を確保

Xは、X自身と司法書士Zの2人を長女Bの成年後見人とする法定後見人選任申立てをし、Xの急病や急死という事態でも長女Bが困らない体制を準備する。　→ **問題①を解決**

②信託で老親と障害者のための財産管理を実行

Xは、長男Aと信託契約を締結し、自宅不動産を含む長女Bに遺したい財産の管理を託す。長男Aは、Xの老後の生活をサポートするとともに、X亡き後は、長女Bのために不動産や通常は使う必要のない金融資産の管理を行う。なお、身上監護や日常生活費の支払い等は後見人が担うので、長男Aの負担は軽い。　→ **問題①を解決**

③2次相続後の承継者指定で争族を回避

遺言の書けない長女Bには信託財産として遺すことで、長女B亡き後の財産についてその法定相続人による遺産分割協議の余地を排除し、長男A側に確実に渡すことができる。　→ **問題②を解決**

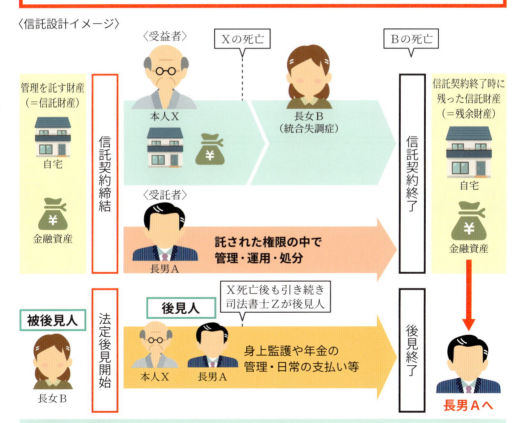

〈信託設計イメージ〉

〈信託設計の概要〉
- 委託者：**X**
- 受託者：**長男A**
- 受益者：①**X** ②**長女B**
- 信託監督人：**司法書士Z**
- 信託期間：**X及び長女Bの死亡**
- 残余財産の帰属先：**長男A又は長男Aの家族**

第5章

相続対策の様々な手段

1 相続税ってどのくらいかかるの？

みやた先生

これから家族信託以外の"相続対策"、つまり遺産争いを防いだり相続に伴う税金を軽減するための手段をお話しします。その前提として相続が発生すると誰にどんな税金がかかるかを理解しておく必要があります

与兵衛

遺産の受取人に「相続税」がかかることは理解しとるが、概算の納税額を把握しておらぬと、どんな準備をすべきか分からんのう

将来相続税がかかるか、かかる場合の納税額はどのくらいか、というのは相続税対策を考える上での最初の一歩と言えます

勘太郎

右頁によると、遺産の種類や評価額はもちろん、法定相続人※の人数によっても税額が違ってきますね

難しいお話になるので敢えて触れませんが、"配偶者控除"や"小規模宅地の評価減"など各種の税額軽減の制度もありますので、**税務の専門家にきちんと相談**しないと税金を払いすぎるケースもあり得ます

ウメ

私が遺産全部をもらうなら、相続税がかからないって聞いたけれど……

配偶者は、"配偶者控除"により1億6000万円までなら、もらった遺産に税金は発生しません。その代り次の配偶者の相続時は、子世代に大きな納税負担となるので、敢えてあらかじめ子世代に渡しておくこともあります

父亡き後の母の老後資金の確保と2次相続を考えた遺産分割……いろいろ難しいですね

※ 法定相続人

遺言や家族信託などで財産の受取人を指定していない場合は、民法の定めに従い、配偶者及び右図の優先順位の親族に遺産を受け取る権利が発生する。この権利を持つ者を「法定相続人」と呼ぶ。

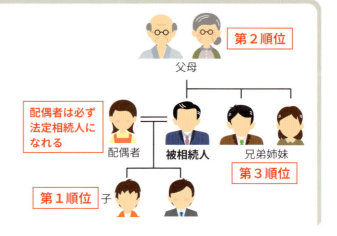

相続税の税額計算のしかた

①正味の遺産額を算出する

正味の遺産額 ＝ 土地・建物や預金等の財産から、借入金や未払金等の債務を引いたもの

※1）被相続人の葬式等に要した費用は差し引ける
※2）生命保険金や死亡退職金は、それぞれ非課税限度額（500万円×法定相続人の数）を超えた分が対象となる

〈正味の遺産額の計算例〉被相続人（夫）が死亡し、法定相続人が3人（妻・長男・長女）の場合

現金・預金・株式		建物		生命保険金		借入金		葬儀費用		正味の遺産額
5000万円	＋	1000万円	＋	4500万円	＋	△500万円	＋	△200万円	＝	9800万円

受取額6000万円－控除500万円×3人

②課税遺産総額を算出する

課税遺産総額 ＝ 正味の遺産額から基礎控除額を引いたもの　　基礎控除＝3000万円＋600万円×法定相続人の数

正味の遺産額		基礎控除		課税遺産総額
9800万円	－	4800万円	＝	5000万円

3000万円＋600万円×3人

③法定相続分で課税遺産額を按分し、相続税総額を計算する

（1）法定相続分割合（配偶者1/2、その他相続人で残り等分）で、課税遺産総額を按分する
（2）右表で計算して、相続税の総額を算出する

〈法定相続分による按分と、相続税の総額計算例〉

妻
5000万円 × 1/2 ＝ 2500万円 ……遺産の按分
2500万円 × 15% － 控除50万円 ＝ **325万円**

長男・長女
5000万円 × 1/4 ＝ それぞれ1250万円 ……遺産の按分
1250万円 × 15% － 控除50万円 ＝ **各137.5万円**

325万円 ＋ 137.5万円 ＋ 137.5万円 ＝ **600万円** ← 相続税総額

〈相続税の速算表〉

課税価格	税率	控除額
1000万円以下	10%	－
3000万円以下	15%	50万円
5000万円以下	20%	200万円
1億円以下	30%	700万円
2億円以下	40%	1700万円
3億円以下	45%	2700万円
6億円以下	50%	4200万円
6億円超	55%	7200万円

④実際の遺産按分比率で相続税総額を按分する

相続税総額を、実際の遺産按分比率で按分する

※配偶者には、遺産額1億6000万円又は配偶者の法定相続分相当額のどちらか多い金額まで 税額不発生

〈実際にかかる相続税の計算例〉

妻
5880万円の遺産を相続したならば、
600万円 × 5880万円/9800万円 ＝ **360万円**
（相続税総額）

※ただし配偶者控除で、妻にかかる相続税は ＝ **0円**

長男
2940万円の遺産を相続したならば、
600万円 × 2940万円/9800万円
（相続税総額）
＝ **180万円** ← 相続税

長女
980万円の遺産を相続したならば、
600万円 × 980万円/9800万円
（相続税総額）
＝ **60万円** ← 相続税

第5章 相続対策の様々な手段

2 数ある選択肢の中から選ぶのが相続対策

財産の遺し方は、納税額の予測も踏まえて考えるべきと合点したぞ

納税額を合法的に減らすことも含め、**親の"想い"や希望と子の"想い"や希望を擦り合わせ**、実現したいことに優先順位をつけて、**多くの選択肢の中から必要な方策を検討・実行**することが"相続対策"の基本です

桜子
税金を減らすことが相続対策だと思ってました。なるほど目から鱗です！

右頁の通り多くの選択肢の中から、叶えたい希望や保有資産、状況などに応じて複数の手段を組み合わせるのが"相続対策"の具体的な内容です

素人が中途半端な知識で相続対策を考えるのは危険ですね

はい。これだけ選択肢がありますから、良かれと思って実行した手段でも、専門家から見たらベストではなかったということは充分に起こり得ます

つまり「家族信託」は沢山の選択肢のひとつに過ぎないが、様々なケースで活用できるので、相続対策の主要な選択肢になっているということですね

その通りです！

ホームページURL　http://www.igon-souzoku.tokyo/map/

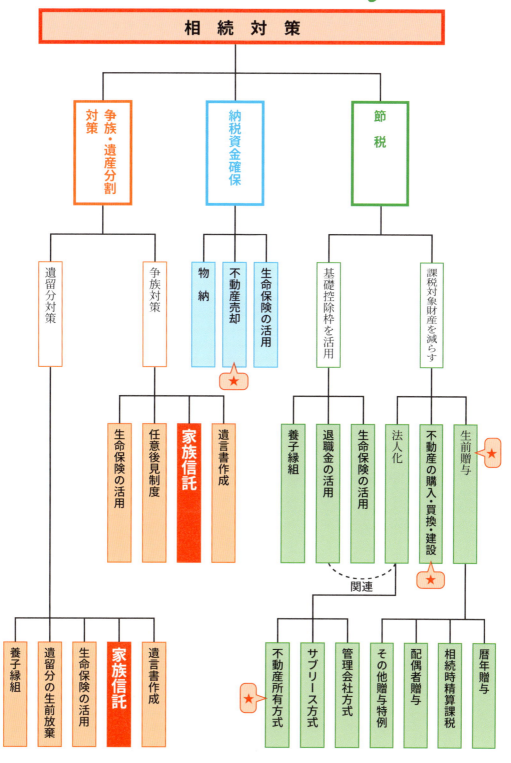

★の所でも「信託」の仕組みを活用することがあります

3 遺言は相続対策の基本

遺言は相続の準備・対策の基本です。遺産の大小に関係なく、先立つ者の義務として遺される家族等に"想い"を遺して頂きたいですね

 ワシが死んだら、皆で好きに分けてくれ、じゃダメなのかいな？

数字上の平等と各相続人の公平・納得感は違いますので、親の遺志を明確に示すことは争族予防にも有効ですし、遺される家族の負担も減ります

 一旦作った遺言は、変更できるのかいな？

はい。**最新の日付の遺言から有効**になりますので、"想い"や家族を取り巻く状況、保有資産等に変化があれば、**いつでも気軽に書き換え**できます

 また書き換えるつもりで、現時点の考えを形にするイメージですね

もし相続人全員が元気で円満に話し合えれば、遺言内容とは違った遺産分割も可能なので、もしもの"保険"の意味で気軽に作ることもお勧めです

 確かに**相続人の１人が認知症になってたら遺産分割協議ができない**のよね

はい。遺産分割協議ができないリスクと回避するためにも遺言は作るべきです

孝二郎 右頁では遺言を作るときに気をつけるべき点がいくつもありますね

はい。万全の遺言を作るには専門家のサポートが必要な場合が多いので、相続実務に詳しい法律家に相談して、なるべく公正証書で作成すべきです

遺言書を作成すべき代表的なケース

具体的ケース	趣旨・法的効果
子がいないので配偶者に全財産を渡したい	→ 兄弟に相続権が発生することを回避
相続人に認知症、障害者、行方不明者がいる	→ 遺産分割協議が難航するのを回避
遺留分の権利を持つ者に財産を渡したくない	→ 遺留分請求に備えた遺言条項で争族防止
法定相続人が1人もいない場合	→ 遺産が国へ没収されることを回避
内縁の配偶者に財産を渡したい	→ 相続権のない者に確実に財産を渡す

良い遺言書作成のポイント

①明確な表現 曖昧な表現は"争族"のもと

・「託す」「任せる」は禁物 → 誰に対しても「相続させる」との表現が無難

・私道部分などの記載漏れ → 「その他一切の財産については……」等の記載で、遺言に具体的記載のない財産についても分割協議の余地を排除

②遺言執行者の指名 遺言内容のスムーズかつ早期の実現を図る

・遺言内容を実行（負債の精算や預金の払戻など）する役割の者を指名しておく
・執行者は、専門家でなくても子などの相続人でも可

③付言（フゲン）を記載 遺される者へのメッセージで無機質な遺言に彩りを

・遺言者の"想い"を遺すことで感情的な"争族"を予防

④予備的な遺言条項の設置 万一亡くなる順番が違っても困らない備え

・遺産の受取人が遺言者よりも先に亡くなると該当する遺言部分が無効になるので、予備的な受取人の指定の条項を設ける

⑤遺留分を考慮した分配等 遺留分を満たせば遺言書通りの分配が確定できる

・遺留分の請求があった場合でも財産の渡し方（遺留分に充当すべき財産の順序指定）を記載することで"争族"を予防

第5章 相続対策の様々な手段

4 生前贈与を活用しよう①

生前贈与とは、生きている間に財産を他人に無償であげることを言います。生前贈与をすると、受け取った側に贈与税という税金がかかります

贈与税って、個人が財産をもらったときにかかる税金ですよね？

学生の頃に親から仕送りをしてもらったし、結婚のご祝儀ももらったけど、贈与税のことを考えたことはなかったよ

実は、親の扶養義務に基づく子への生活費や教育費は非課税ですし、ご祝儀も社会通念上相当と認められるものであれば非課税なのです

右頁のとおり、年間110万円以下※であれば税金はかからないのですね？

毎年少しずつ贈与していくことを「暦年贈与」と言います。この暦年贈与を上手に使うことで相続税対策の有効な手段になります

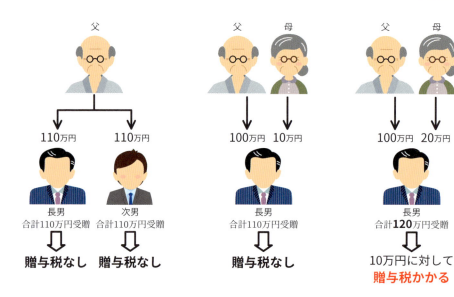

※ 贈与税は財産をもらう人（＝受贈者）ごとに年間110万円を超えるかで判断

・財産を**渡す側**から見れば、 110万円 × 人数分 まで税額0円で渡せる

・財産を**受け取る側**から見れば、 もらった合計が110万円を超える まで税額0円で渡せる

🌱 贈与税の計算式 🌱

贈与税 ＝（贈与財産価額 － 基礎控除110万円）× 税率 － 控除額

⑦その年の１月１日から12月31日までに贈与で受け取った財産の価額を合計する
⑦その合計額から基礎控除額110万円を差し引く
⑦差し引いた残りの金額に税率（下表参照）を乗じて税額を計算する

🌱 贈与税の税率 🌱

①一般贈与財産用（一般税率）

・下記②の「特例贈与財産用」に該当しない場合の贈与税の計算表
・兄弟間の贈与、夫婦間の贈与、親から子への贈与で子が未成年者の場合などに適用

基礎控除後の課税価格	200万円以下	300万円以下	400万円以下	600万円以下	1000万円以下	1500万円以下	3000万円以下	3000万円超
税　率	10%	15%	20%	30%	40%	45%	50%	55%
控除額	－	10万円	25万円	65万円	125万円	175万円	250万円	400万円

②特例贈与財産用（特例税率）

・直系尊属（祖父母や父母など）から、その年の１月１日において20歳以上の直系卑属（子・孫など）への贈与税の計算に使用する

基礎控除後の課税価格	200万円以下	400万円以下	600万円以下	1000万円以下	1500万円以下	3000万円以下	4500万円以下	4500万円超
税　率	10%	15%	20%	30%	40%	45%	50%	55%
控除額	－	10万円	30万円	90万円	190万円	265万円	415万円	640万円

🌱 贈与税の計算例 🌱

例1 与兵衛が息子である勘太郎（成人）へ、**１年の間に500万円渡した場合**
⇒直系尊属からの贈与にあたるので、**上記②**で計算

（500万円 － 110万円）× 15% － 10万円 ＝ **48.5万円** ← 贈与税額
　　　　　（基礎控除）　　　　　　（控除）

例2 与兵衛が勘太郎へ、**毎年100万円ずつ５年間で500万円**渡した場合

⇒１年間に**110万円以下の贈与は課税０円**。よって。贈与税額は**５年間通じて０円**

★例１よりも例２の方が、48.5万円の節税効果あり！

例3 勘太郎が弟である孝二郎へ、**１年の間に500万円渡した場合**
⇒兄弟間贈与なので、**上記①**で計算

（500万円 － 110万円）× 20% － 25万円 ＝ **53万円** ← 贈与税額
　　　　　（基礎控除）　　　　　　（控除）

5 生前贈与を活用しよう②

暦年贈与以外にも相続税対策として有効な手段の代表的なものが、「相続時精算課税制度」と「居住用不動産の配偶者控除」です

相続時精算課税制度？　どういう制度じゃ？

贈与税と相続税をまとめて計算して納税する仕組みです。通常の暦年贈与は毎年110万円が非課税枠ですが、この制度を使えば**累計2500万円まで無税で子や孫に渡せる**ので、高額な不動産も贈与しやすいです

でも結局相続時に遺産に組み込まれて課税されちゃうのでしょう？

今後**値上がりが想定される不動産や株式を贈与すると、贈与時の評価額で確定できる**効果があります。また収益不動産を子に渡せば以後の賃料収入も子の所得になるので、**親の所得税対策と遺産の増加抑制効果**もあります

なるほど。遺産相続で揉める前に、確実に今渡すことができるのじゃな

ただし、実はデメリットやリスク※もあるので、個々の事情に合わせて税理士さんを交えて検討する必要があります

配偶者控除は、夫から妻である私へ贈与する場合にメリットがありますか？

はい。**婚姻期間20年以上の夫婦間で居住用不動産又はそれを取得するための金銭の贈与をする場合、2110万円まで贈与税がかからない**制度です

他にもまだ知らない贈与の非課税制度があるので、自分でも情報を収集しつつ税務の専門家に相談することは大切ですね

①相続時精算課税制度

〈相続時精算課税制度を選択できるケース〉

贈与者　60歳以上の父母又は祖父母

受贈者　20歳以上の子や孫

相続時精算課税制度を　**選択する**　　　選択しない

贈与税	・特別控除額累計2500万円まで非課税 ・累計2500万円を超えた部分に対して、一律20％で課税

↓ 相続時に精算

相続税	・贈与財産の価額を相続財産に加算して、相続税額を計算する ・既払いの贈与税額がある場合、相続税額から控除する ・控除しきれない金額は還付可

贈与税	・毎年、基礎控除枠110万円 ・税率は「4．生前贈与を活用しよう①」(P.102)を参照のこと

相続税	・贈与財産は、相続税の計算時に加算する必要はない。 ・ただし、相続開始前3年以内に贈与された財産の価額は加算する

《相続時精算課税制度のデメリットやリスク》

・小規模宅地の評価減の特例が使えなくなる（次項参照）
・相続時に物納ができなくなる
・不動産に関するコストが高くなる
　（不動産を贈与すると不動産取得税が発生、登記手続きの登録免許税の税率が相続より高い）

②配偶者贈与

婚姻期間が20年以上の夫婦間で、**居住用の不動産の贈与またはその購入・建築をするための資金の贈与**をしたときは、2000万円＋基礎控除で**合計2110万円まで贈与税がかからない**特例

《注意点》

そもそも配偶者の死亡によりその相手方が遺産をもらう場合、1億6000万円又は遺産の半分まで相続税はかからない。自宅を夫婦共有にすると、将来夫婦で高齢化した際に認知症による売却不能リスクが2人分となることに注意！

③その他の生前贈与活用制度

・住宅取得資金贈与
・教育資金の一括贈与
・結婚子育て資金贈与

6 不動産を活用して相続税を減らす

不動産を活用すると、どうして相続税を減らせるのじゃ？

相続税を計算する際の評価について、**土地は時価の約80％、建物は建築費用の65％前後という取り扱いが認められている**からです※

なるほど。現金1億円を持っていたら1億円の評価になるけど、1億円の土地を買うと約8000万円の評価で済む訳ですね

はい。右頁の事例のように、不動産の形態や所有の仕方によって評価額を下げることもできます

なるほど、貸家は評価額が下がるのか。ならワシの住んでいる家も貸してしまうと、相続税が減るのか？

自宅の場合、**「小規模宅地の評価減」**というもっと便利な特例があり、宅地を同居する親族に相続したり亡くなったあとで家族が住む場合、自宅の底地の評価を8割減額することができます

やっぱり不動産の活用を含めた相続対策はプロのアドバイスが必要じゃな

※ 不動産の相続税評価額とは

- 相続税法において、遺産の価額は原則「時価」とされているが、現金以外では実務上時価を定めることが難しいケースも多い。
- ゆえに、「財産評価基本通達」によって、以下のように定められている。
  - ○土　地……「路線価方式」または「倍率方式」
    （※詳しくは国税庁のWEBサイト：
    　　　http://www.rosenka.nta.go.jp/を参照下さい）
  - ○借地権……公示価格 × 80% × 借地権割合
  - ○建　物……建物の固定資産税評価額

賃貸アパートを建てた場合の節税効果

相続税評価額1億円の更地に賃貸アパートを金6000万円で建設した場合の節税効果について、土地と建物に分けて、その節税効果を検証する

①土地

更地をそのまま相続すると**評価額1億円**。
でもそこに賃貸アパート（貸家）を建てた場合、土地は**「貸家建付地」**として下記の計算式により評価を下げることができる

> 更地評価額 ×（1 − 借地権割合 × 借家権割合）

例　1億円 ×（1 − 70% × 30%）＝ 7900万円
※借地権割合70%、借家権割合30%の場合

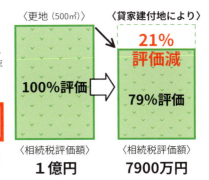

②建物

現金をそのまま相続すると評価額6000万円。でもそこに賃貸アパート（貸家）を建てた場合

（あ）建物は相続のときには固定資産税評価額で評価
※建築費用の約60〜70%

（い）貸家の場合はさらに固定資産税評価額から借主側の財産価値である借家権（一律30%）を控除

例
（あ）6000万円 × 70% ＝ 4200万円
（い）4200万円 × 70% ＝ **2940万円**

★更地と現金の合計1億6000万円の評価を賃貸アパートの建設により、上記①②の合計1億円強にまで評価を下げることが可能となる

小規模宅地の評価減の特例

被相続人等（被相続人本人及び一緒に生活していた被相続人の親族）が居住や事業に使っていた宅地等は、下記表のように評価減対象となる。**最大80%の減額**。

区分	限度面積	評価減できる割合	大まかな要件
居住用の宅地	330㎡	80%	・配偶者が取得 ・同居親族等が取得し継続居住
賃貸事業用の宅地	200㎡	50%	賃貸事業の継続
その他事業用の宅地	400㎡	80%	事業の継続

第5章　相続対策の様々な手段

7 賃貸経営の法人化のメリット

アパートの賃貸経営を法人化すると節税になると聞きましたが？

確かに税金面のメリットを得るために、家族で会社を作って会社に貸したり売ったりする、いわゆる「賃貸経営の法人化」という選択肢があります

税金の節約にどんなメリットがあるのじゃ？

所得が大きい場合、個人よりも法人の方が税率が低い等の有利な面があります。但し、法人の活用には右頁の３つの形態があります

個々の事情により３つの形態を比較検討する訳ですか？

はい。たとえば、「不動産保有方式」は最も大きな節税効果が見込めますが、不動産の売買に伴う様々な費用が発生しますので、必ずしもベストな選択肢とは限りません

どんな観点で比較検討すればいいのじゃ？

たとえば、現在の課税所得がどのくらいか、法人化するとどのくらい税金を圧縮できるのか、どこまで長期的な管理や承継を想定するか、法人を構成する家族は誰か等、様々な視点から検討が必要です

法人化のデメリットもあるのですか？

経理事務の負担増、法人税均等割や税理士への申告報酬等のコスト増、さらには税務調査を受けやすくなるというデメリットもあります

そもそもなにを実現するために法人化するのか、という具体的かつ明確な目的が必要ということですね

法人化すれば、必ず節税になる？

法人化すれば税制面その他でメリットを得られる。しかし、法人化することそのものにコストがかかるし、そもそも不動産賃貸で大きく儲かっていない場合は節税にならないこともある。税理士などの専門家に相談して収支を検証してから、実施を検討してほしい。

不動産賃貸経営法人化　3形態のメリット・デメリット

	メリット	デメリット・注意点
不動産管理会社方式（管理委託方式） （節税効果：小）	・導入へのハードルが低い ・家賃収入の一元管理が容易で、オーナー死亡時の口座凍結リスクを回避できる	・法人の収入となる管理委託料は、毎月の家賃収入の5～10％程度で大幅な節税策にはならない
サブリース方式（一括転貸方式）	・空室リスクを法人が負い、オーナー個人の年間収入を安定化できる ・家賃収入の一元管理が容易で、オーナー死亡時の口座凍結リスクを回避できる ・法人が貸主の立場で転借人との交渉や法的対応も可能	・オーナーと賃貸経営用法人との賃貸借契約、賃貸経営用法人と転借人との転貸借契約をきちんと締結する必要がある ・一括借上賃料と転貸料との差益獲得が目的だが、一括借上賃料が低すぎると税務上問題となり得る
不動産保有方式（節税効果：大）	・不動産を相続税の対象となる個人資産から永久に分離（争族対策・遺留分対策にもなり得る） ・オーナー1人の不動産所得を複数の役員の報酬として分散できる（所得税対策になる） ・複数の承継者がいる場合、不動産の共有を回避して株式の保有割合の問題に転換できる	・法人が売買代金の支払いをしなければならない ・売買により個人から法人への所有権移転の際に、法人に登録免許税や不動産所得税がかかる ・譲渡益が出れば、オーナー側に譲渡所得税がかかる ・オーナーの手元に売買代金たる現金が入ってくるので、更なる相続税対策が必要となる場合がある

左側縦軸：節税効果（小→大）

不動産賃貸経営における法人化の税務メリット

①個人と法人の所得に対する税率差で節税

不動産所得が大きいと、累進課税である個人より法人の実効税率の方が低くて有利

②所得の分散＋給与所得控除で節税

収益を家族に役員報酬として分配すれば、所得税の適用税率を下げ、さらに各役員について給与所得控除も使える

③経費や保険の活用余地が増える

法人加入の生命保険、小規模企業共済、退職金制度、社宅制度等の活用で経費計上しつつ資産蓄積が可能

第5章　相続対策の様々な手段

109

8 生命保険を相続対策に活用する

生命保険には相続税における非課税枠があるため、その枠の範囲内で相続税を回避しつつ、資産を相続人へ渡すことができます

現金はそのまま相続税の課税対象だけど、現金を生命保険金に代えて子を受取人にすれば、非課税枠分は課税なしで保険金を受け取れるのですね

はい。非課税枠は、『500万円×法定相続人の数』となります

ワシの法定相続人は妻のウメと勘太郎、孝二郎、桜子……の4人だから、2000万円までの死亡保険金は非課税となるのじゃな？

そうです。生命保険の活用は非課税枠目的だけでなく、遺族の生活費や相続税の納税資金、代償金・遺留分の支払資金の確保など様々です。まだ加入できる年齢なら一度は検討すべきと言えます

保険の入り方による課税関係の違い

生命保険は組み方次第で、受け取った保険金に対して支払う税金の種類や税額が下図のように変わってくる。契約者は誰か、被保険者は誰か、受取人は誰かについて注意すること。

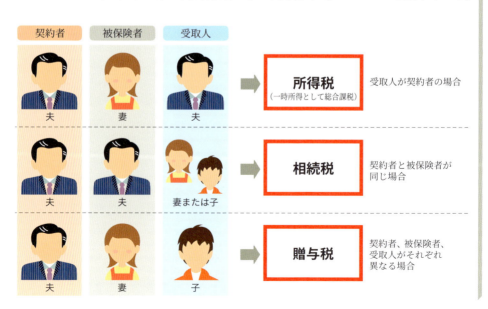

🌱 生命保険が効果的な４つの活用場面 🌱

①非課税枠の活用

相続人の数に応じた下記の非課税枠を活用

> **生命保険の非課税枠　＝　金500万円　×　法定相続人数**

②納税資金の確保

相続財産の大半を不動産が占める場合、将来の相続税の納税資金を死亡保険金でまかなうために保険料として少しずつ積立てておく

③代償金の支払い原資

遺産分配の不均衡を調整するため、不動産を取得する相続人から取得しない相続人へ支払う「代償金」の原資にする

※保険金の受取人は、敢えて不動産を取得する人にすること！（理由は下記④※印参照）

④遺留分対策

死亡保険金は遺産とならず、原則として遺留分請求の対象財産から除外されるので、遺留分請求者への支払原資として遺す

※反対の効果として、遺留分請求者が多額の保険金の受取人になっても遺留分は別途請求できてしまうので注意！　つまり、保険金の受取人は必ず遺留分を支払う側とすること！

🌱 死亡退職金の非課税枠の活用もできる！ 🌱

会社経営者が死亡し、故人に支給されるはずだった退職金をその相続人が「死亡退職金」として受け取った場合、「みなし相続財産」として相続税の課税対象となる。この際、生命保険金と同様に下記の非課税枠が設けられているので、遺される相続人や事業後継者が生活費や相続税の納税資金を確保しやすくなっている。

> **死亡退職金の非課税枠　＝　金500万円　×　法定相続人数**

9 任意後見は相続対策になるか？

成年後見制度は、認知症などで理解力が低下した本人に代わって、家族や第三者が財産管理や契約をする仕組みです。法定後見と任意後見があり、法定後見の中でも能力低下の程度に応じて3つに分かれます

元気なうちから備えておくのが任意後見契約じゃな。任意後見を使って、なにか有効な相続対策ができるのかいな？

相続税の節税や納税資金確保を目的とした相続税対策はできません。原則として本人に直接メリットがあることしか後見人はできないからです

子や孫への生前贈与や余剰資金で賃貸物件の購入・建設をするような節税策は、本人ではなく相続人にしかメリットがないということですね

はい。**節税や積極的な資産活用をしたい方は家族信託を活用すべき**です

では、任意後見はどういうときに利用すべきなのじゃ？

ひとつは**"争族対策"として活用**できます。たとえば、不仲な子ども間で将来の老親の介護方針で紛争することがないように、親が任せたい子と契約をして確実に後見人になってもらうことで、安心の老後を確保できます

任意後見のメリット・問題点

メリット
- 家族の一部（たとえば長男）から反対意見が出ても任意後見人受任者（任意後見契約の当事者：たとえば長女）が確実に就任できる
- 申立てから就任まで短期間かつスムーズ
- 任意後見人の報酬を契約で自由に決められる

問題点
- 代理権しかないので、老親本人が行った契約の取消不可
- 3～4カ月に1回の監督人への定期報告の負担
- 任意後見監督人への報酬が発生
- 相続税対策ができないなどの制約が多い
- 任意後見契約を公正証書にする手間がかかる

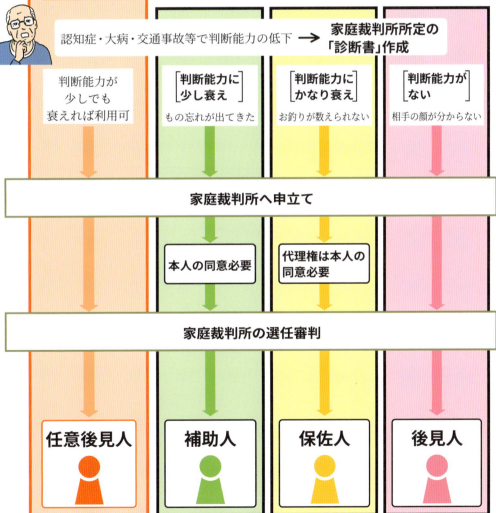

第5章のまとめ

1 税金対策ばかりが「相続対策」でなない。とはいえ、相続税が発生するかどうか、発生する場合は納税額がどの程度になるかを把握しておくことは相続対策の第一歩。

2 相続後の資産承継のことばかりに関心が行きがちだが、最も重要なのは、老親がこれからの老後を安心平穏無事に暮らすための支援体制作り。その延長線上に相続・資産承継があることを本人も家族もきちんと認識すべき。

3 相続対策には様々な手段があり、本人の希望、老後の収支シミュレーション、保有資産、家族構成、親族間の関係性などによって、取るべき手段が異なる。

4 相続対策に精通した専門家に相談することは必須であるが、「法務」「税務」「不動産」「保険」等の各分野の"専門家チーム"を揃えることが相続対策成功のカギ。

5 元気なうちに老後に備える任意後見は重要な選択肢のひとつであるが、成年後見制度は使うべき方と使うべきでない方がいる。使うべきでない方は「家族信託」が有効な手段になり得る（第2章参照）。

【著者略歴】

宮田浩志（みやた・ひろし）

宮田総合法務事務所 代表司法書士
一般社団法人家族信託普及協会 代表理事

認知症高齢者や障害者の法定後見人・任意後見人・後見監督人に多数就任中。家族信託・遺言・成年後見等の仕組みを活用した《認知症による資産凍結回避策》《相続・争族対策》《親なき後対策》について全国の個人・専門家からの相談が後を絶たない。特に家族信託の設計コンサルティングの分野では先駆的な存在で、日本屈指の組成実績と相談件数を持ち、全国で一般向け・専門家向けのセミナー講師登壇も多数。著書に『相続・認知症で困らない家族信託まるわかり読本』（近代セールス社）がある。

宮田総合法務事務所
https://legalservice.jp/
一般社団法人家族信託普及協会
https://kazokushintaku.org/

【宮田総合法務事務所】

事務所所在地：東京都武蔵野市吉祥寺本町1丁目18番3サニーシティ吉祥寺802号
電話番号：0422-23-7808
メールアドレス：miyata@legalservice.jp
2000年に開業し、「安心と笑顔の提供」という経営理念のもと、一般的な司法書士事務所とは一線を画し、"予防法務の総合病院"を目指した経営を行っている。
代表的な業務として、不動産登記・商業登記手続業務はもちろんのこと、家族信託の設計コンサルティング、遺言書作成、成年後見、遺言執行・遺産整理、各種契約書の作成、株主総会・役員会の運営サポートや株式実務等の企業法務が挙げられるように、個人・法人を問わず幅広い「法務コンサルティング業務」を得意とする。

★宮田総合法務事務所が運営するホームページ★
◎宮田総合法務事務所
　身近な法律・法務の総合ポータルサイト：
　https://legalservice.jp/
◎家族信託研究所
　『家族信託』を活用した財産管理と相続・事業承継対策の専門サイト：
　https://www.trust-labo.jp/
◎遺言・相続相談オフィス
　生前の相続対策〜遺産整理まで相続に関する総合専門サイト：
　https://www.igon-souzoku.tokyo
◎相続葬儀ねっと
　相続・成年後見・葬儀に関する専門サイト：
　https://www.souzoku-sougi.net/
◎生活や企業経営に関する法律メルマガ：
　http://goo.gl/OIUaPA

図解 2時間でわかる！ はじめての家族信託

2018年8月11日　初版発行
2022年11月24日　第7刷発行

発　行　**株式会社クロスメディア・パブリッシング**

発行者　小早川幸一郎
〒151-0051　東京都渋谷区千駄ヶ谷4-20-3 東栄神宮外苑ビル
http://www.cm-publishing.co.jp
■本の内容に関するお問い合わせ先 ⋯⋯⋯⋯⋯⋯⋯⋯ TEL (03)5413-3140／FAX (03)5413-3141

発　売　**株式会社インプレス**

〒101-0051　東京都千代田区神田神保町一丁目105番地
■乱丁本・落丁本などのお問い合わせ先 ⋯⋯⋯⋯⋯⋯ TEL (03)6837-5016／FAX (03)6837-5023
service@impress.co.jp
（受付時間 10:00〜12:00、13:00〜17:30　土日・祝日を除く）
※古書店で購入されたものについてはお取り替えできません

■書店／販売店のご注文窓口
株式会社インプレス 受注センター ⋯⋯⋯⋯⋯⋯⋯⋯ TEL (048)449-8040／FAX (048)449-8041

カバーデザイン　安賀裕子　　　　　　　　本文デザイン　安井智弘
イラスト　田渕正敏　　　　　　　　　　　印刷・製本　株式会社シナノ
© Hiroshi Miyata 2018 Printed in Japan　ISBN 978-4-295-40118-6 C2033